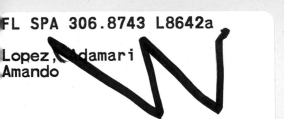

Amando

ADAMARI LÓPEZ

Amando

A CELEBRA BOOK

CELEBRA
Publicado por New American Library,
Una división de Penguin Random House LLC
375 Hudson Street, Nueva York, Nueva York 10014

Este libro es una publicación original de New American Library.

Primera impresión: octubre de 2015

NOTA DEL EDITOR
En Penguin tenemos el compromiso de publicar obras de calidad y honestas.
En ese sentido, mas sentinas orgullosos de poner este libro a disposición de nuestros
lectores; en cualquier caso, la historia, la experiencias y las palabras en él
contenidas son responsabilidad exclusiva del autor.

Penguin
Random
House

A mis hermanos Adilsa, Adaline y Adalberto,

por ser fuente constante de amor. Sin ustedes me siento perdida.

Son mi guía, mis amigos y parte de la hermosa locura de mi vida.

Cada día más unidos, cada día amándonos más.

Contenido

Contenido

Amando

Introducción

Hace diez años, cuando recibí mi diagnóstico, cuando me dijeron que tenía cáncer de seno, aquella sentencia desencadenó una serie de eventos en mi vida que por un buen tiempo no me dieron tregua. Pero me mantuve enfocada y determinada a superar cada reto, cada momento difícil, cada tristeza. Le sonreí a todas las adversidades, me apoyé en mi fe y en mi familia y, sin dejar que muriera mi esperanza, seguí caminando, con los dos pies sobre la tierra y la cabeza en alto, determinada a luchar y ganar. La vida me sorprendió con los momentos más difíciles de mi vida, pero yo contraataqué y los vencí. Sobreviví el cáncer de seno, superé mi divorcio, reparé mi corazón dolido y me volví a enamorar.

No fue un camino fácil. Tomó tiempo y reflexión. Había ido al sicólogo, había logrado entender y superar ciertas cosas, pero había otras de las que no se hablaba, y como no me animaba a compartirlas y enfrentarlas de una vez por todas, ahí seguían en la profundidad de mi ser, como un gran impedimento en mi viaje. Sentía que la felicidad estaba al alcance de mis manos, pero todavía no lograba hacerla mía. Faltaba un paso más, y ese paso lo di al escribir *Viviendo*. Allí pude volcar todo aquello que no me animaba a decir en voz alta y me sirvió para purgar de raíz todo lo que había guardado y todavía me andaba carcomiendo el alma.

Me sentí muy vulnerable. Nunca me había dejado ver tan abiertamente. Siendo muy transparente en público con muchos aspectos de mi vida, hasta publicar ese libro, nunca había compartido mis momentos más dolorosos y oscuros con la gente, siempre había sido toda sonrisas. Nunca me había sentido tan desnuda, por dentro y hasta en la portada, como cuando salió a la venta *Viviendo*. Me expuse al cien por ciento. Fue un momento de mucha catarsis, de mucha superación. Abrí mi corazón y por fin pude contar toda mi historia, lo bueno, lo malo, los momentos de tremenda alegría y tristeza; todo.

No me arrepiento en lo más mínimo de lo que elegí compartir porque esa es mi realidad, así es como soy en las buenas y en las malas —y seguramente se asemeja mucho a la realidad de una infinidad de personas— en los dolores, las penas y las alegrías que experimentamos todos los seres humanos. Plasmar esas palabras en papel me ayudó a cerrar aquellos capítulos de mi vida y dar paso a los siguientes. Fue un viaje que sirvió para fortalecerme. Me ayudó a descubrirme como persona, encontrar mi voz y finalmente poder expresar abiertamente mis dolores y deseos más profundos. Fue liberador. Las pruebas en la vida no son en vano si uno sabe cómo aprender de ellas y superarse con la ayuda de cada lección.

La vida me comenzó a sonreír de nuevo, pero las pruebas continuaron apareciendo, siempre cuando uno menos se lo imagina. Comencé a notar un nuevo patrón. Parecía que cada momento feliz venía acompañado por un momento de profundo dolor. Cuando mi vida parecía volver a encaminarse, sin cáncer, con un nuevo trabajo y un nuevo amor, de pronto tuve que sufrir uno de los momentos más tristes de mi vida: el fallecimiento de mi mamá. Cuando tomé la decisión de cumplir mi sueño y hacerme mamá, tuve que enfrentar obstáculos inesperados que desencadenaron en las mayores pruebas de fe en mi vida. Cuando por fin quedé embarazada, tres semanas antes de dar a luz, sufrí otra de las pérdidas más grandes de mi vida: el fallecimiento de mi papá. Una cosa dura con una cosa reconfortante. Sé que no estoy sola, sé que estos altibajos de la vida nos tocan a todos de diferentes formas; es parte del viaje de cada uno de nosotros en este mundo. La clave es cómo decidimos enfrentar los momentos duros para poder disfrutar a pleno los felices. Es importante comprender y procesar lo difícil de la vida, pero creo que es igual de importante no dejar que acapare nuestra existencia y también es igual de importante disfrutar de los momentos felices.

Quiero seguir superándome como ser humano. Espero poder reconocer, reflexionar y expresar en estas páginas lo que ha sido mi vida en estos últimos años no sólo para mi propio aprendizaje, sino para que le sirva a alguien más. Quiero que mi historia sirva como un mensaje de esperanza. Los milagros son posibles, la felicidad realmente está a la vuelta de la esquina, y cuando menos te lo esperas, la vida te sorprende y te inyecta energía para salir adelante y seguir viviendo. La clave para mí durante todos estos años ha sido la fe.

Estoy y estaré siempre agradeciéndole a Dios todo lo que me

ha puesto en el camino, porque sin cada una de mis vivencias no sería quien soy ahora, y sin fe, no creo que hubiese llegado a superar todo lo que me tocó vivir. Unos meses atrás, leí un par de citas en las redes sociales que me resonaron de la manera más profunda. Sentí que me estaban hablando a mí. La primera decía: "Cada vez que pensé que me estaban denegando algo bueno, en realidad estaba siendo reorientada a algo mejor". Así es. Cuando uno quiere algo y no lo obtiene, se puede frustrar enormemente, me ha pasado a lo largo de mi vida, con pequeños y enormes deseos. Recuerdo que cuando iba a trabajar en México por primera vez, al final no me terminaron por contratar por circunstancias fuera de mi control. Era joven y no lograba comprender por qué me estaba pasando algo así, por qué no podía obtener lo que yo más deseaba. Ya estaba ahí, ya tenía la puerta abierta, ¿cómo no se me iba a dar esta oportunidad? Sin embargo, cuando tuve la posibilidad de regresar, años más tarde, comprendí que aquel primer intento no era el justo. Quizás no hubiera tenido el mismo apoyo o el mismo éxito. Quizás no era el momento adecuado. Quizás no estaba lista. Esto me lleva a la otra cita, una frase de la cual me aferré cuando pasé por una de las pruebas de fe más grandes de mi vida: "No confundas la impaciencia por Su ausencia. Su tiempo es perfecto y Su presencia es constante. Siempre está contigo".

Aunque deseemos algo profundamente, aunque sea lo que más queremos lograr en esta vida, no siempre llega en el momento que uno dispone. Lo viví con mi hija. Mi determinación y mis acciones no fueron lo que me ayudaron a cumplir mi sueño, fueron mi fe y mi esperanza. Como seres humanos, nos ponemos impacientes, queremos que todo sea cuando nos conviene a nosotros y a veces no sabemos reconocer las señales que nos da la vida. Si uno está espiritualmente conectado con uno mismo, se vuelve un poquito más fácil reconocer las señales para comprender por qué no se está dando lo que uno quiere y de la manera planeada. La fe te brinda paciencia cuando sientes que se te ha agotado, te brinda un salvavidas cuando sientes que te estás ahogando. Sin fe, no creo que hubiese podido superar todos los retos que tuve que enfrentar en mi vida. He aprendido a esperar y entregarme a las manos de Dios, ya que Él siempre te indica el camino correcto a seguir, si estás dispuesto a escucharlo.

Esa fe y esperanza fueron la luz al final del túnel en cada uno de los momentos más oscuros de mi vida. Fue también lo que me llevó a encontrar mi voz, junto con *Viviendo*, con lo cual pude procesar, comprender y superar todo lo que había vivido hasta ese momento. Me animé a compartir mi historia y al hacerlo, me encontré acompañada por muchísimas personas que pasaron o estaban pasando por caminos similares. Ver cómo mi historia de cáncer resonó en tantos y ayudó a muchos a comprender mejor la enfermedad y a sentirse menos solos fue algo increíblemente gratificante y reconfortante.

Desde entonces me tocaron otros obstáculos en el camino, que con fe y esperanza logré superar. Espero que *Amando* no sólo me ayude a procesar los momentos difíciles que tuve que atravesar en estos últimos años, sino que también los ayude a ustedes a sentirse menos solos, a darse cuenta de que todos seguimos viviendo. La vida continúa, todos tenemos luchas y obstáculos que debemos enfrentar y superar, y estoy aquí para decirles que es posible. Sí, pasé por muchos momentos que significaron grandes pruebas de fe, pero el mensaje fundamental es uno de esperanza y de celebración. Nunca digas nunca. Todo llega cuando debe llegar, ni un minuto antes y ni un minuto después... el tiempo de Dios es perfecto.

1

Sigo viviendo

Cuando *vi que* en mi mano tenía una prueba positiva, con dos rayitas rosadas claramente remarcadas ante mis ojos, me quedé atónita, incrédula. No sabía si llorar o reír, si gritar de la emoción o controlar mis sentimientos hasta saber más. ¿Sería esta la bendición que tanto había deseado?

Lo recuerdo y se me viene la película de mi vida a la mente. Todo lo que pasé, las esperanzas, las desilusiones. Casamiento, cáncer, divorcio, un nuevo amor, el pensar que quizá no podría tener hijos, pensar que la única posibilidad de tenerlos yacía en unos embriones congelados fuera de mi alcance. Todo lo que pasamos Toni y yo para llegar a este momento, con la gran y silenciosa duda de si alguna vez se haría realidad, un hecho que aterrizó en nuestras vidas de la manera menos pensada y más improbable, como un milagro de Dios. Un milagro en el que puse absolutamente toda mi fe, una bendición del cielo que creo quizás llegó con la ayuda de mi mamá, que me protege desde el más allá. Todo resumido en una prueba positiva que yacía en mis manos, ahí mismito, en el baño de mi casa, una confirmación de que los milagros sí existen: estaba embarazada.

Hace tan sólo un año, durante la primera mitad de 2014, esto parecía un sueño lejano. Es más, todo lo vivido en los últimos tres años, desde 2013, fue un huracán de emociones inesperado, con gigantescas olas conmovedoras, dolorosas y gloriosas que inundaron mi vida. Creo que lo mejor es retomar el hilo desde el epílogo inesperado que tuve que agregar a mi libro anterior. Un epílogo en el que me tocó describir una de las pérdidas más grandes de mi vida: el fallecimiento de mi querida Mami.

Vidalina Torres de López dio su último respiro en este mundo el 2 de diciembre de 2012, a los setenta y cinco años recién cumplidos, en brazos de mi hermano Adalberto. Su batalla con el cáncer llegó a su fin. La leucemia aguda que atacó su cuerpo meses antes no le dio tregua. Ese domingo, yo estaba montada en un avión volando de un evento laboral en Orlando —al que había ido con la bendición de Mami, quien me dijo que viajara, cumpliera con mi trabajo y luego volviera a estar con ella en el hospital—. Estaba ansiosa por regresar a su lado, sabiendo lo malita que andaba en esos días. Sin embargo, en la escala obligatoria en Miami rumbo a Puerto Rico fue cuando recibí la llamada de mi hermano con la noticia.

Soy testigo de que Mami luchó con todas sus fuerzas hasta el final, siempre con una sonrisa para disimular su debilidad y sus dolores, y aplacar nuestras caras preocupadas. La última vez que pude ver esa sonrisa en persona, la que tanto me ha inspirado y alentado a través de mi vida, fue el 29 de noviembre de 2012, en el cuarto de su hospital. Ese día, nos reunimos en familia y transformamos aquel cuarto en una fiesta, como lo solemos hacer cuando nos toca pasar por momentos dolorosos que a veces se sienten interminables. En aquella ocasión, celebramos su vida y el hecho de estar todos juntos. Nos abrazamos, bromeamos, platicamos y oramos.

Tuve la dicha de tenerla ese año junto a mí, no sólo en los pequeños momentos preciados del día a día, sino también los últimos dos hitos importantes que pude celebrar con ella en vida: mi primer día de trabajo como copresentadora en *Un nuevo día* y cuando finalmente llegaron los primeros ejemplares de mi primer libro en el que volqué mi vida y mi corazón. Aquel día en el hospital, pudimos ojearlo juntas, ver las fotos y celebrar su pronta publicación. Con ese libro, que ella leyó mientras lo produjimos, pude compartir con ella sentimientos y pensamientos que nunca antes me había animado a vociferar. ¡Qué dicha haber podido disfrutar de su presencia y amor constante en tantos momentos importantes de mi vida!

Su presencia para todos nosotros era tan importante que su ida de este mundo dejó un gran vacío en nuestras vidas, una ausencia que nunca podremos suplantar. Sin embargo, entre esa tristeza profunda, también sentimos algo de alivio al saber que ella ya no estaría sufriendo más aquel dolor incesable. Papa Dios sabe lo que hace. De eso, hoy, estoy más segura que nunca. Pero igual la extraño todos los días de mi vida.

Aquella Navidad no fue fácil. Viajé a Puerto Rico para estar con mi familia, siempre procurando estar juntos en las buenas y en las malas, unidos, apoyándonos, como nos enseñaron nuestros padres. Ahí estábamos toditos, firmes al lado de Papi. Estaba demasiada fresquita nuestra pérdida, pero igual, dentro de lo posible, intentamos seguir adelante con las tradiciones que teníamos, aquellas cosas que hacíamos cuando Mami estaba con nosotros, como a ella le hubiese gustado, como la cena de Nochebuena en familia y el intercambio de regalitos, o el compartir el día de Navidad en casa de algún familiar. Lo que más le encantaba a Mami era que estuviésemos juntos, platicando, contando anécdotas de años anteriores, tomándonos fotos y riendo.

Mami era sonrisa, era fiesta, era alegría. Ella siempre buscaba la manera de darle la vuelta a todo y que todo fluyera en armonía, y eso es exactamente lo que tratamos de lograr durante aquellas Navidades. No fueron grandes fiestas en donde la algarabía se desbordaba en todo momento; simplemente nos enfocamos en estar presentes y compartir el momento todos juntos. También contamos con el apoyo y el amor de toda la gente que siempre estaba presente en nuestras actividades. Tratamos de celebrar y recordarla a ella.

Igual que ha pasado con la muerte de Papi, pareciera que Dios siempre nos regala alguna ocupación o distracción para ayudarnos a salir de estos momentos de profundo dolor. Después de estas grandes tristezas que acapararon nuestras vidas, siguieron momentos de mucha felicidad. Es un equilibrio bienvenido, pero a su vez, por momentos siento que ninguno nos permitimos el tiempo necesario para lograr procesar o asimilar estas grandes pérdidas. Quizás esto sea así porque en realidad no internalizamos la partida física de estos seres tan amados, porque sus presencias en nuestras vidas siguen perdurando.

En esos primeros meses de duelo, recuerdo que, de camino al trabajo, me ponía a cantar las canciones que ella me cantaba cuando me llevaba al colegio. Ahora han pasado más de dos años y sigo sintiendo su presencia como si estuviera aquí, como si estuviera por entrar a mi casa en cualquier momento. El consuelo mayor es que Mami sigue viva dentro de nosotros, dentro de nuestros corazones y espíritus. Cada vez que nos reunimos, la mencionamos o recordamos cosas que diría o haría, así como ahora también lo hacemos con Papi. Ambos están vivos en nuestros recuerdos, presentes en nuestros comentarios, cuidando de nuestras almas, con nosotros para siempre.

Una de las cosas que más me ayudaron a sobrepasar el fallecimiento de Mami fue tener a Toni Costa a mi lado. Fue el primer momento bien duro que me tocó compartir con él en pareja, y contar con su amor y su apoyo no sólo me ayudó a salir a flote en un momento de profundo dolor, sino que también me confirmó que este era un hombre con quien realmente podría compartir mi vida. En Toni encontré una pareja que me brinda la tranquilidad, la confianza y la seguridad que tanto me habían hecho falta en relaciones anteriores. Y estas cualidades son sólo las primeras que salieron a la luz al conocerlo, luego fui descubriendo su compasión, su cuidado, su cariño y ese amor y comprensión que me hacen sentir que todo es posible. Cuando me quiebro y se me derraman las lágrimas, Toni sabe lo que necesito. Tiene claro que es importante que uno se permita reconocer y sentir la emoción del momento, sabe que para mí, luego de todo lo vivido y aprendido, es esencial poder expresar y liberar esos sentimientos. Y a su vez, por como es su bella personalidad, luego de respetar mi tiempo de desahogo, busca formas graciosas para distraerme. Intenta cambiar ese momento de tristeza por uno de felicidad. Sabe cómo sacarme una sonrisa entre las lágrimas y transformarla en una carcajada que me llena de fuerza vital para continuar mi camino.

Luego de aquella Navidad, volé nuevamente hacia Miami ya que ese año el 1 de enero caía en un día de semana y por ende me tocaba trabajar. Aunque uno siente que todo se paraliza en esos momentos de grandes dolores y pérdidas, el mundo sigue adelante, no te espera, así que no queda otra más que levantarse y seguir el camino que nos toca pasar en ese instante. Mi hermano Adalberto vino con nosotros para Miami, mientras Adaline, Adilsa y Papi se quedaron en Puerto Rico. Pasamos el 31 de diciembre en casa de unos amigos de mi hermano, acompañándonos en el cierre de 2012, pero más que gran fiesta y regocijo, fue una despedida de año muy sosita. Estaba acostumbrada a pasar mis fines de año con mi familia en Puerto Rico. Ahora no sólo no estaba con mi familia entera compartiendo todos juntos el cierre del año, sino que sentía un vacío enorme que ni siquiera la buena voluntad y generosidad de los amigos de Adalberto al abrirnos su casa y dejarnos compartir este momento con ellos me quitó la presión de dolor en el pecho. Todos los invitados de aquella noche eran personas sumamente agradables, pero no eran mis amigos íntimos y al no haber perdido un ser querido, tenían otros ánimos para celebrar que yo no podía compartir, por más esfuerzo que hiciera. Esa despedida de año la sentí como cualquier otro día: no comí las uvas a la medianoche, ni corrí con la maleta a la calle para poder viajar mucho en el año nuevo, ni tiré agua para atrás para que se fuera todo lo malo. Simplemente hice lo que pude para pasarlo, sabiendo que Mami hubiese querido que lo celebrara. Sin embargo, era difícil sentir entusiasmo por un año nuevo en el que sabía que ya no estaría mi mamá a mi lado, aconsejándome y apoyándome con su amor incondicional, ese amor que sólo una madre le puede brindar a su hijo. Quién hubiera dicho que tan sólo dos años más tarde estaría cerca de darle la bienvenida a mi propia hija y despedir a mi querido padre.

La partida de Mami no fue fácil para Papi. ¡Pensar que estuvieron casados por cincuenta y cinco años! Durante ese siguiente año, comenzó a sufrir más achaques y condiciones médicas que no había tenido antes del fallecimiento de mi mamá. Le hacía mucha falta su compañera de vida, la persona con la que habló y compartió de todo durante tantos años. Al principio, a cada rato nos decía que ella lo estaba llamando. Sin embargo, todavía le quedaba tiempo en este mundo por cumplir.

Al quedarse solo, lo que más quiso Papi fue continuar adelante con su vida normal, e hizo todo lo posible para hacerlo. Mis hermanos insistieron en que se fuera a la casa de alguno de ellos allá en Puerto Rico, pero él se negaba. La pérdida de Mami era cambio suficiente; necesitaba sentir cierta estabilidad. Tanto cambio lo agitaba mucho, así que se quedó en su casita e hizo todo lo posible para que sus rutinas no fuesen interrumpidas. Siguió levantándose temprano, siguió yendo a su negocio, la funeraria, todos los días, siguió su vida, sin el cuidado de nadie, y lo continuó hasta que se dio cuenta de que ya no lo podía hacer todo solo.

Recién después de su cumpleaños, el 15 de noviembre de 2014, fue cuando su salud empeoró. Sus ganas de vivir siempre fueron enormes, pero a partir de ese cumpleaños, fue como si hubiese decidido no luchar más. Ya no tenía la misma fortaleza física, espiritual ni mental para seguir batallando sus dolores y su soledad. Fue entonces, a finales de noviembre de 2014, que aceptó irse unos días a la casa de mi hermana Adaline. En algún momento hizo el amago de querer volver a su casa, creyendo que al sentirse un poquito mejor podría volver a su rutina y su hogar de toda la vida, pero nos tuvimos que poner firmes y explicar que eso ya no podía seguir igual. Había llegado la hora en la que tendría que aceptar que sus condiciones de salud no eran las mismas de antes y que iba a tener que aceptar los cambios necesarios en su vida ya que correría peligro si permanecía solo en su casa. Así fue como finalmente en diciembre decidió mudarse a casa de Adalberto, pasando allí lo que quedaba de su vida.

Toda la vida tuve una relación muy apegada a mi papá, pero cuando todavía estaba Mami, yo tendía a hablar más a menudo con ella, y la comunicación con Papi se daba más a través de ella, que actuaba como intermediaria, en especial cuando nos encontrábamos en algún desacuerdo. Sin embargo, después de que ella falleciera, Papi rápidamente tomó las riendas y comenzamos a comunicarnos muchísimo más seguido que antes. Fue un acercamiento que guardaré en mi corazón de por vida.

Normalmente nos hablábamos varias veces por semana, pero en algún momento, a comienzos de mi temporada en el show, hubo dos veces en las que me olvidé de poner el despertador o lo puse en p.m. en vez de a.m. En ambas ocasiones, me llamó alguien del show para preguntarme si me sentía bien y si iría a trabajar, con lo que salté de la cama y salí corriendo para llegar a tiempo.

Ahí fue cuando Papi comenzó a llamarme a las 4:30 de la mañana todos los días de la semana con el fin de despertarme para ir el trabajo. En realidad surgió porque le conté lo que me había pasado y le dije que sola no me podía levantar, y que necesitaría que me llamara él todas las mañanas. Papi por lo general se acostaba muy temprano, usualmente después de ver las noticias de las seis de la tarde. Para cuando se asomaban las dos de la mañana, sentía que ya había dormido lo suficiente y decía que era como si lo botaran de la cama. Al levantarse, se arreglaba, tomaba su desayuno y salía para la funeraria. Y cuando daban las 4:30 de la mañana, levantaba el teléfono y me llamaba. Siempre fue súper puntual, pero con la edad, hubo veces en las que se olvidó del cambio de horario, con lo que en algunas ocasiones, tuve la grata sorpresa de recibir su llamada ¡a las 3:30 de la mañana! Pero yo no le decía nada para que no se sintiera mal. Cualquier pretexto para hablar con él era un buen pretexto.

Esas llamadas de madrugada realmente no eran porque yo necesitara a alguien que me levantara. Eso lo hacía normalmente con uno o varios despertadores —luego de aquellos dos percances, no me volví a quedar dormida—. Ahora que faltaba Mami, esas conversaciones matutinas me dejaban saber si él estaba bien, y me aliviaban el miedo de que le pasara algo, ese miedo que he tenido desde mis dieciséis años cuando lo vi sufriendo aquel ataque cardíaco. Al oír su voz, enseguida me daba cuenta de cómo se había levantado. Con esas conversaciones sabía si sentía dolor, si se sentía bien, si estaba de buen ánimo, si había desayunado, si estaba en el negocio. Y al hablar un poquito de cómo sería su día, comenzaba el mío de manera más tranquila, sabiendo en qué andaría mi querido papá.

Tanto me tranquilizaban aquellas llamadas, que si alguna madrugada no ocurría, me ponía tan nerviosa que lo llamaba a la casa, al negocio, hablaba con los empleados, todo lo necesario para ubicarlo, para enterarme de si simplemente se había olvidado de llamar ese día o si había pasado algo peor. Necesitaba saber por qué no me había llamado, necesitaba oír su voz para irme tranquila al trabajo.

Mi preocupación nacía no sólo del miedo que tenía de que le pasara algo, sino de incidentes recientes que ya habían ocurrido con él, como el día en que se cayó en la calle. Estaba de camino al negocio, como lo hacía siempre, pero esa mañana no se sintió bien, se mareó y se cayó. De vez en cuando los medicamentos que tomaba lo mareaban, pero como él se creía más fuerte, seguía haciendo lo suyo, continuaba su día como si nada, en vez de darse un ratito para recuperar su estabilidad y sentirse mejor. En esa ocasión, justamente se mareó y se fue de boca al piso, golpeándose y lastimándose la nariz.

Quedó tirado en aquella calle hasta que, al rato, un guardia que estaba cerca, escuchó unos gritos pidiendo ayuda. Era Papi, que seguía en el piso sin poder levantarse. El guardia llamó a la policía y al Centro de Diagnóstico y Tratamiento del pueblo quienes llegaron enseguida y lo encontraron, lo atendieron y se lo llevaron en la ambulancia. De camino al CDT, Papi, que estaba consciente, se dio cuenta de la hora y se empezó a poner bien nervioso. Le pidió al enfermero que por favor me llamara porque él era el que tenía que levantarme para ir al trabajo. El pobre enfermero no debe de haber entendido nada, pero muy gentilmente le hizo caso.

Cuando sonó mi celular, vi el número, suspiré de alivio y atendí: "¡Papi!". Pero la voz del otro lado no era la de mi papá. En ese microsegundo se me fue el corazón a la boca, mientras la voz continuó: "No, no soy tu papá. Soy un enfermero. Lo estoy tratando, él está bien, me pidió que la llamara". Luego de explicarme cómo lo habían encontrado y tranquilizarme al decir que estaba estable, colgué y llamé volando a mis hermanos para contarles lo que había ocurrido, y fueron directo a verlo al CDT. Por eventos como estos es que me era tan importante escuchar su voz en las mañanas, porque este no fue el único; pasaban a menudo, aunque, gracias a Dios, no siempre tan dramáticos.

Papi siempre lograba sacar fuerzas de quién sabe dónde para recuperarse y seguir presente en nuestras vidas. Es algo que siempre admiré de él. Tuvimos la fortuna de tenerlo con nosotros un buen tiempo más, hasta que, en medio de unos meses de gran alegría que tuvimos la bendición de compartir juntos en familia, cerró los ojos y, así, le dio cierre a su vida. Gracias a Dios, antes de finalmente reunirse con el amor de su vida en el cielo, pudo estar a mi lado durante la siguiente montaña rusa de emociones que me tocaría vivir, brindándome su amor y apoyo incondicional mientras yo salía en busca de mi milagro para cumplir el sueño más importante de mi vida.

2

El abismo de la esperanza y la desilusión

Cuando la relación con Toni empezó a formarse, comenzó a salir naturalmente el tema de tener hijos. Coincidíamos en que ambos queríamos ser padres. Él estaba al tanto de que anteriormente me había hecho un tratamiento de fertilidad, pero que aquellos embriones ya no estaban a mi disposición. Y sabía cuán difícil podía llegar a ser para mí dados mis en ese entonces cuarenta años de edad e historial médico. Sin embargo, nada de eso hizo flaquear su fe y esperanza de que juntos lo lograríamos.

En realidad, tener un hijo con Toni fue un tema de conversación entre nosotros que se fue dando solo. En vez de planear los tiempos y confirmar mutuamente que ambos deseábamos tener familia, lo que comenzamos a hacer de manera totalmente natural fue visualizarlo. Cuando salía el tema, sonreíamos y tratábamos de imaginar cómo sería un bebé nuestro. Nos divertíamos muchísimo pensando en cómo sería tener un hijo juntos. ¿A quién saldría?

¿Tendría mis ojos? ¿Tendría su boca? Veíamos a su sobrina Noa, y nos imaginábamos lo lindo que sería tener una hija como ella. Noa es una niña tan chispa, tan despierta, simpática, cariñosa. Tiene todas las cualidades de la familia de Toni, las mismas características que me resultan inmensamente atractivas de él.

Probamos, y bien que lo disfrutamos. No nos cuidamos, con el deseo silencioso de que viniera por vías naturales, pero pasaron los días, pasaron las semanas, pasaron los meses y nada. Hasta que un buen día, me cansé de esperar.

La dulce espera se había vuelto una espera desesperante. Necesitaba sentir que estaba haciendo todo en mi poder para alcanzar este sueño, así que empecé a visitar a mi doctor de fertilidad, el doctor Marcelo Barrionuevo, el mismo que me había atendido años atrás, para averiguar cuáles eran nuestras posibilidades de acción. Eso era lo que necesitaba, acción, accionar, sentir que el aire se impulsaba hacia adelante, sentir que estaba dando pasos hacia lo que más anhelaba en esta vida. Así fue que tomé la decisión de someterme a un nuevo tratamiento de fertilidad, con todos los riesgos que eso implicaba en mi caso particular, en busca del hijo con el que tanto había soñado.

La búsqueda asistida de mi milagro comenzó en agosto de 2013. Ya Toni y yo habíamos hablado con mi doctor para averiguar qué pasos previos había que dar para prepararnos. Me tocaba esperar a que me llegara el período para poder comenzar el tratamiento, cosa que se podía tornar en una larga espera ya que, después del cáncer, podía pasar meses sin que me llegara la regla. Así fue que comenzó otro tipo de espera.

A todas estas, la decisión de hacer este tratamiento inevitablemente era un riesgo mayor para mí por mi historial médico. El tipo de cáncer de seno que tuve se alimentaba del estrógeno y la progesterona, por lo tanto lo último que me recomendaban era someterme a un tratamiento en el que se me inyectarían justamente esas hormonas. Pero yo estaba dispuesta a arriesgarlo todo con tal de tener un hijo. Además, ya había pasado más de cinco años libre de cáncer, así que ahora dada mi edad y esta circunstancia a mi favor, sentí que había llegado el momento de lanzarme al agua y probar con todo lo habido y por haber, todo con tal de poder tener un día a mi propio hijo en brazos.

Como seguían pasando los días y nada que llegaba mi período llamé a mi doctor para ver si había algo que pudiéramos hacer. Me aconsejó que me hiciera una prueba de embarazo para descartar esa posibilidad. También me pidió que me hiciera un análisis de sangre, porque eso nos podría indicar en qué parte del ciclo menstrual se encontraba mi cuerpo como para que el doctor viera cómo proseguir o al menos me dijera cuánto quedaba todavía por esperar.

Muy bien, a hacerle caso al doctor. Esta no era la primera prueba de embarazo que me hacía. Cómo habíamos intentado quedar de manera natural anteriormente, me las había hecho antes, pero sin éxito. No hubo rastro de ese milagrito que tanto anhelaba, por lo que asumí que el caso sería el mismo ahora. Es más, justo se estaba quedando con nosotros mi amiga Ludwika Paleta y esa noche teníamos planeado salir ella y yo a cenar con una amiga, las tres solas. Estábamos alistándonos, Toni también estaba en casa, y como realmente ya no me hacía mucha ilusión con el tema, pensé que era mejor salir de la prueba cuanto antes y luego seguir mi noche con mis amigas.

De aquellas tantas pruebas anteriores tenía todavía una guardada en el baño, así que fui, la busqué y la puse en uso. Mientras esperaba que apareciera el veredicto, la llevé al lavamanos y sin querer apreté un botoncito en el palito que hizo saltar la parte que daba el resultado y vi cómo cayó dentro del lavamanos y se fue casi en cámara lenta por el desagüe. Salté hacia delante, metí la mano todo lo que pude, pero por más que intenté rescatar aquella respuesta, era demasiado tarde. Luego de hurgar un rato ahí en vano, me di cuenta de que no serviría de nada, así que me di por vencida y salí en busca de otra prueba nueva. Toni sabía que en momentos como esos necesitaba espacio, así que estaba ahí esperando, pero no me atosigó con preguntas. Volví al baño con la segunda prueba y comencé el proceso otra vez, ahora con más cuidado.

Cuando al fin logré ver el resultado de esta segunda prueba, realmente me tomó totalmente por sorpresa. Dio positiva. Estaba embarazada.

Antes de acudir a mi médico, había comenzado un tratamiento de acupuntura para la fertilidad, buscando alternativas para ayudar a todo el proceso de fertilidad que ya había decidido sería el siguiente paso. Pero jamás pensé que eso culminaría en un embarazo sin siquiera haber comenzado el tratamiento hormonal. Es más, Toni también llegó a hacer unas sesiones de acupuntura para fertilidad con la misma doctora —sí, se las ofrecen a hombres también— pero su tratamiento fue mucho más cortito porque por alguna razón las agujas le molestaban, le creaban una sensación de angustia que más que relajarlo le causaban estrés. ¿Sería la fe, la esperanza y la acupuntura lo que nos ayudó a crear este milagro en mi cuerpo?

Salí del baño con lágrimas en los ojos y la prueba en la mano para darle la noticia a Toni. Rompí en llanto por esta noticia tan inesperada. Toni no cabía en sí de la felicidad. Y Ludwika, que también se enteró por estar en casa, pudo compartir esa alegría desbordante con nosotros. Fue una sorpresa maravillosa; realmente no lo podíamos creer. No parábamos de sonreír. Se lo queríamos gritar al mundo: ¡estábamos embarazados!

La mañana siguiente partimos en nuestro carro hacia la oficina del doctor y le dimos la noticia. Para verificar aquella prueba en casa, me mandó a hacer un análisis de sangre —el resultado estaría listo más tarde—. Salimos de ahí felices y continuamos con nuestro día. Esa tarde me tocaba otra sesión de acupuntura. Justo antes de entrar a mi cita, me llamaron al celular de la oficina del doctor. Tenían el resultado. El análisis de sangre confirmó que la ilusión que me había dado la prueba de embarazo en casa era una realidad. Estaba embarazada. Ahora no había duda alguna. Sentía que mi corazón estaba por explotar de felicidad. Me acababan de confirmar que ese milagro que tanto deseaba ya yacía dentro de mí.

Al terminar la sesión de acupuntura, salí de la sala y, antes de meterme al elevador, me fui al baño a orinar. Todo en orden; sin embargo, estando dentro del elevador, sentí como si me bajara algo mojado en la ropa interior. De repente me entró una angustia enorme. Bajé del elevador, caminé hacia mi carro a toda prisa, me metí cerré la puerta y enseguida me levanté el *jumpsuit* que tenía puesto y vi sangre. Temblando, busqué el celular y llamé de inmediato a mi doctor.

"Acabo de sangrar", le dije, sobresaltada, cuando me atendió. "Y hace un rato, me confirmaron que estaba embarazada. ¿Qué hago?". Me pidió que me fuera a mi casa a reposar, que no fuera al trabajo al día siguiente sino a su oficina a las siete de la mañana para que me pudiera revisar. Así que cancelé todas las actividades que tenía planeadas para lo que quedaba de la tardecita, escribí un mensaje al canal para avisar que no podría ir al show al día siguiente diciendo que me sentía mal para así no divulgar la razón exacta, y me fui directo a la cama a reposar. Era un cúmulo de nervios. No sabía qué iba a pasar. No sabía qué pensar. Por fin había sentido la luz de la esperanza iluminando claramente mi camino, pero ahora la comencé a ver más tenue.

Durante la noche, continué sangrando, pero poco. Me aferré de la fe e intenté dormir un poco. A la mañana siguiente, luego de que mi doctor me revisara, me sentó junto a Toni y nos dijo que había descubierto el problema. Tenía un embarazo ectópico. Otro problema, otro término médico que reconocí, pero que nunca se me ocurrió que me podría pasar a mí. Lo que significaba esto era que el embrión, en vez de estar tranquilito y cómodo en mi útero, se había atascado en mi trompa de Falopio. No quedaba otra, tenían que sacarlo ya que en esa parte del cuerpo no sólo era imposible que sobreviviera, sino que peligraba mi vida.

El médico nos explicó que ahora quedaban sólo dos posibilidades: una operación o una inyección. El tema con la operación es que había una posibilidad de que se lastimara la trompa durante la cirugía. Si eso ocurría, quedaría fuera de servicio para siempre, lo cual disminuiría aún más mis posibilidades de quedar embarazada en el futuro. La inyección, en cambio, iría disolviendo el embrión atrapado en la trompa. De esta forma, podría evacuarse de mi cuerpo de forma natural, evitando así el otro procedimiento más invasivo y riesgoso.

Nos quedamos ahí sentados, totalmente atónitos, tratando de procesar toda esta ola de información nueva, mientras nuestra alegría desbordante pasaba a ser una desilusión desconcertante. Era como si nos acabaran de echar una tonelada de ladrillos encima. Cuando vi aquella prueba de embarazo positiva, jamás se me cruzó por la cabeza que podríamos tener algún problema. Pensé, listo, lo logramos. No se me cruzó ningún tipo de duda por la mente, algo que de ahora en más no me pasaría más. ¡Qué tristeza!

Gracias a Dios estaba en manos de un doctor que siempre ha sido un hombre de mucha fe, y encontró las palabras de consuelo ideales para mí en ese momento tan fuerte. Me dijo que quizás ocurrió de esta manera porque el desarrollo de ese bebecito no venía bien. Me reiteró que Dios trabaja de una manera milagrosa y sabe cuándo conviene que se desarrolle una vida y cuándo no. También me resaltó algo clave: por más de que en ese momento lo sentíamos como una desilusión, debíamos alegrarnos porque todo esto indicaba que teníamos más posibilidades de encontrar nuestro milagro de lo que creíamos.

Tenía razón. Más allá de la desesperación del momento, la realidad era que al fin y al cabo había logrado quedar embarazada, y sin siquiera haber hecho el tratamiento de fertilidad. Debíamos ver aquello como algo esperanzador. Hasta a él se le veía una luz de esperanza en los ojos, mientras la mía se iba apagando por la desilusión. Este mismo doctor fue el que me dijo, años antes, cuando fui con mi exesposo, que sólo tenía un cinco por ciento de posibilidades de quedar embarazada. ¡Cinco por ciento! Ahora seguía cargando con ese mismo cinco por ciento, determinada a que funcionara a mi favor junto a Toni. Y, efectivamente, Papa Dios nos acababa de mandar una pequeña señal de que aquel milagro que yo tanto deseaba quizás no era tan imposible como pensaba. Por eso, el doctor estaba tratando de que viera por qué, ese momento de tristeza y desilusión mía, era para él un motivo de alegría.

Pero esa esperanza que él trataba de infundirme era inútil en aquel momento. Yo lo estaba viviendo de una manera mucho más blanca y negra: la alegría era tenerlo y dolor era verlo desvanecerse. No podía encontrarle el gris que él trataba de mostrarme. La noticia me resultó devastadora. Sentía que la esperanza de la cual hablaba iba disolviéndose junto con ese embrioncito.

¿Por qué pasaba? ¿Por qué ilusionarme de esa forma para luego quitármelo de las manos? ¿Cuál era el plan de Dios para mí? No podía evitar hacerme estas preguntas. Me era muy difícil comprender el porqué detrás de esta búsqueda ardua que no se me terminaba de dar. Con aquella prueba de embarazo y esta noticia dolorosa, comenzó también una gran prueba de fe en mi vida, algo que no me había pasado antes, ni siquiera cuando tuve cáncer.

Entretanto, mientras pasábamos por este torbellino de emociones y decisiones, teníamos planeado viajar a España y también me tocaba un viaje de trabajo a Texas. Ya había apartado mis días de vacaciones y tenía la agenda completa, por lo que, aparte de la tristeza, el consejo siguiente del doctor me cayó como balde de agua fría. "No puedes viajar". Otro viaje cancelado a última hora por problemas de salud. Otra noticia inesperada, y no de las buenas. ¿Por qué? Me explicó que, aunque habíamos decidido utilizar la inyección en vez de la operación, seguía existiendo la posibilidad de que el embrión creciera un poquito más. Si esto pasaba y no lo estaba vigilando de cerca, podría explotar mi trompa. El médico necesitaba que yo estuviera cerca para poder monitorear el progreso de la situación. Al confrontarlo y decirle que, dado el caso, me podría atender en un hospital en España, me contestó que sí, en otro sitio me podría hacer atender si me pasara algo, pero en una emergencia, él era el que sabía todo mi historial médico y, en caso de una urgencia, él sabía que tendría que hacer todo lo posible para salvar la trompa, cosa que otro doctor en otro lugar quizá no tendría tan en cuenta sin conocerme como paciente.

Inevitablemente, todo esto me trajo recuerdos no tan gratos de aquel momento años antes cuando me dijeron que tenía cáncer de seno. En aquel entonces, tenía un viaje planeado a Argentina que me llenaba de ilusión, y también tuve que cancelarlo todo para dedicarle toda mi atención a los siguientes pasos que tenía que dar para luchar contra aquella enfermedad y sobrevivir. Ahora nuevamente peligraba mi vida, pero esta vez no por una daga en el seno, sino por un anhelo enorme que todavía no me tocaba cumplir.

Después de esta noticia devastadora, lo único que quería era salir de la rutina, pero no me quedó más remedio que cancelar el viaje a España; debía concentrarme en mi salud. Mientras tanto, entre ese mar de angustia, debía también llamar a mi trabajo para decir que no podría ir a Texas, a su vez, tratando de explicar lo indispensable para no volver mi situación algo público. En este caso, no llamé a mi jefa inmediata sino directamente a una más arriba, quien le explicaría a los demás que no podía hacer este viaje. Sabía que si la decisión venía de arriba, la cantidad de preguntas que me llegaría disminuiría, y así podría pasar este momento en privado y más tranquila. Obviamente, algunos se dieron cuenta de que algo pasaba cuando mandaron a otra persona a cubrir esa nota, pero dentro de todo, fueron todos muy discretos y respetuosos. El viaje no lo pude hacer, pero al trabajo sólo falté el día que me pusieron la inyección, los demás días seguí yendo como si nada, aunque debía andar con un poco más de cuidado hasta resolver esta situación.

Según me explicó mi médico, esa inyección actúa como una especie de quimioterapia que le suprime el oxígeno al organismo en la trompa. Al no recibir oxígeno, se empieza a secar y disolver. No fue físicamente doloroso, sino más bien difícil desde un punto de vista emocional. Finalmente había logrado crear una vida en mi vientre, y durante aquella ventanita de tiempo suspendido, la ilusión se había apoderado de mi corazón. Sin embargo, este hijo con quien tanto había soñado no llegaría a ver la luz del día, y de pronto toda esa alegría repentina se derrumbó en un abismo de desilusión, angustia y dolor.

Al día siguiente, con cuidado y atenta a mi cuerpo, fui al trabajo como si nada. Siempre he sido buena manejando mis emociones y las cosas que me ocurren en privado delante de los demás. Por ende, aunque la tristeza invadió mi alma durante esos días, seguí adelante, sonriendo y haciendo lo posible para sobrellevar este nuevo obstáculo inesperado en mi camino sin que la gente se enterara exactamente de lo que estaba ocurriendo. Sentía mucha angustia, mucha tristeza y en mi mente rondaban muchas preguntas sin respuestas. Continuaba mi gran prueba de fe. ¿Cómo puede ser que, al descubrir la prueba positiva, hasta llegué a sentirme súper embarazada aunque fue una cuestión de días? Mi deseo de tener ese hijo fue tan inmenso que perderlo significó también perder la ilusión y la fe de que algún día realmente se me cumpliría ese sueño.

Después de tanto tiempo de pensar que no podía, pero intentarlo igual, de no cuidarme, que de pronto pasara, que de pronto me quedara embarazada naturalmente, pues fue tal la alegría, que luego no podía comprender por qué no me tocaba completar ese ciclo. ¿Qué pasa? ¿Por qué no se me logra dar lo que más añoro en este mundo? Las preguntas no cesaban, no lograba entender por qué, después de todo lo vivido, no podía recibir este milagrito de vida. ¿Por qué no? Cuando me enfermé, cuando me diagnosticaron con cáncer de seno, cuando tuve que pasar por la quimioterapia y las operaciones, no me preguntaba, ¿por qué?, lo enfrenté todo con una valentía que ni yo sabía que tenía por dentro y lo logré superar, pero ahora era diferente, algo se había quebrado dentro de mí. Ahora ese "¿por qué?" era la única pregunta que rondaba en mi mente, una pregunta imposible de responder, lo cual frustraba aún más mi alma.

¿Por qué no se da si es lo que más deseo? ¿Por qué no se me puede cumplir? Soy un buen ser humano, trato de hacer bien, he aguantado tanto, siempre con fe, ¿por qué se me hace tan difícil y duro esto? ¿Por qué tantas pruebas? ¿Por qué?

Llevaba años en esto. Desde aquel primer golpe aterrador el 7 de marzo de 2005, cuando me dijeron que tenía cáncer, que no logro recuperarme de una prueba cuando de pronto se me presenta otra en el camino. Sin embargo, creo que esta fue la gota que rebasó mi vaso de emociones. Con esta pérdida, se creó una tormenta de preguntas y dudas que invadieron mi ser. A su vez, no llegaron a nublar mi optimismo por completo. Sabía que, a pesar de sentir esta desesperanza, debía seguir adelante, seguía teniendo fe, no me di por vencida, continué luchando por el sueño más grande de mi vida, el papel que más deseaba tener: ser mamá.

3

*Un nuevo
día en mi carrera*

A mediados de 2012, un año antes de retomar mi búsqueda tenaz por ese milagro que parecía escurrirse por mis manos, decidí dar un giro en mi carrera al tomar un papel totalmente nuevo, un reto que jamás antes había enfrentado, el de ser una de las conductoras de un show matutino que salía al aire de lunes a viernes en vivo y en directo. Nunca antes había sido parte de este estilo de programa, a no ser como invitada, por lo que tuve mucho que aprender en el camino. Ahora llevo tres años en el show, pero más allá de tener que acostumbrarme a despertar al alba, también tuve que pasar por varios momentos de aprendizaje, en especial al comienzo de este nuevo capítulo en mi carrera.

Realmente ha sido y es una experiencia maravillosa. Me ha ayudado a crecer como profesional y como persona. Veo programas de mi comienzo en el show y veo los de ahora y es notable la diferencia y el crecimiento que me han brindado estos tres años. Me veo y me siento más desenvuelta, más cómoda con lo que estoy haciendo en comparación a cómo me manejaba al principio. Bueno, claramente siempre me sentí bien ante las cámaras, no es algo ajeno para mí, lo he hecho toda mi vida. Pero este formato sí era nuevo y desconocido, y al principio tenía muchísimo por aprender. Hay tiempos rigurosos que cumplir en la televisión, donde, por ejemplo, tienes que ir a una pausa sí o sí. Al principio no tenía la noción del tiempo en vivo como la tengo ahora. En un programa como este, todos debemos tener un espacio para hablar, pero a su vez, no nos podemos entusiasmar y extender con nuestras opiniones. No es el lugar para eso. Hay que estar increíblemente consciente del tiempo que transcurre en vivo, de decir lo justo, de darle la palabra al prójimo y de hacerlo todo con una fluidez profesional para que el televidente se sienta como en casa. Justamente el tiempo, o en otras palabras, el pasar del tiempo y la experiencia que eso te brinda, es la mejor manera de aprender y asimilar todos estos detalles y códigos de este tipo de ambiente.

Para prepararme para este nuevo reto como una de las presentadoras en *Un nuevo día*, comencé a ir al show un mes antes de empezar a trabajar en él para ver cómo hacían el programa. Fui a las reuniones de producción para ver cómo desarrollaban los segmentos y organizaban el programa. Observé detalladamente la dinámica entre los conductores en vivo en el programa. Me pusieron uno de los auriculares para escuchar el conteo de los minutos y segundos y tomar nota de cómo abrían y cerraban cada segmento, qué hacían cuando llegaba información de última hora que había que transmitir en vivo, o cómo lograban entrelazar en la conversación información que no habían llegado a mencionar antes. También me asignaron un productor a quien yo le podía hacer preguntas frente a cualquier duda.

Pasé un poquito más de un mes observando todo y preparándome para finalmente salir al aire. Sin embargo, una cosa es la teoría y otra cosa es la práctica. Es como cuando vamos a la escuela o a la universidad para educarnos. Aquella etapa teórica es totalmente necesaria, pero recién cuando sales a la vida real es que aprendes cómo, cuándo y dónde usar cada una de las enseñanzas escolares y universitarias. La teoría es totalmente necesaria para poder llevar a cabo la práctica, pero la práctica, con el pasar del tiempo, es lo que te brinda la experiencia para ir perfeccionando todo lo aprendido en teoría. Ese es el momento donde realmente comprendes, haces propia la teoría y también donde te das cuenta de qué cosas teóricamente pueden tener sentido pero en la práctica no funcionan de la misma forma.

Cuando al fin llegó mi primer día en el programa en vivo, aquel 16 de julio de 2012 a las siete de la mañana, tenía los nervios de punta. El comienzo fluyó de lo más bien. Lo que me tenía nerviosa era lo que me tocaba hacer luego. Me tocaba entrevistar al meteorólogo y hablar de la temporada de huracanes, un tema que es común si vives en Miami, pero que es algo totalmente diferente cuando se trata de una entrevista en vivo ¡y ahora yo era la entrevistadora! Todo el tiempo sentía la angustia de que iba a meter la pata, que me iba a equivocar, y en mi mente me atosigaban las preguntas: ¿Cuánto durará su respuesta? ¿Cuál es la siguiente pregunta? ¿Y si me quedo sin preguntas antes de tiempo? ¿Cómo hago para cerrar este segmento? Esa última es clave en este ámbito.

Había aprendido que hay segmentos que cierran con lo que

llaman un "*hard out*". Eso significa que tienes que terminar el segmento a una hora específica... sí o sí. Es decir, si yo estoy en medio de cerrar un segmento, hablándole a la cámara, y me pasé del minuto exacto del *hard out*, me van a sacar del aire... sí o sí. Entonces, si en vez de terminar a tiempo, sigo hablando a la sala de control no le queda otra que cortarme, sin importar si estoy en medio de una frase. En ese instante, si eso ocurre, la que queda fatal ante los televidentes soy yo. Por eso es tan importante prestar atención y cerrar el segmento a tiempo en un *hard out*. Para lograrlo, uno tiene que pensar bien en qué decir, no perder rastro del tiempo que va pasando y lograr cerrar con una frase que le quede resonando al público, siempre tratando de entretejer el nombre del show, para que la gente lo recuerde. Pues todo eso al principio me parecía complicadísimo. ¿Cómo hago para decir tantas cosas en tan poquito tiempo? Pero hoy día me fluye de una manera mucho más natural. Ahora, cuando escucho el conteo de segundos en el auricular, ya sé qué tengo que decir en qué segundo para lograr cerrar la nota a tiempo. Pero eso sólo lo aprendes bien a la marcha, con la práctica y la experiencia.

Como si los nervios de comenzar un trabajo nuevo fueran pocos, llegué al estudio con otra preocupación más: ¿qué había pasado con mis padres? Ellos siempre me daban la bendición antes de comenzar algo nuevo, y sabían lo importante que era este día para mí, ya que estaba por hacer algo totalmente nuevo dentro de mi carrera. Pero esa mañana, no me llamaron. Me empecé a preocupar. Llamé a Mami al celular y a Papi al negocio, pero nada. Ninguno me atendió. Hablé con el empleado en la funeraria, y me dijo: "No, yo le dije hoy que se quedara descansando". Y le pregunté: "Pero, ¿se siente bien?". Y me dijo que sí, pero igual me dejó algo preocupada.

¿Y si les había pasado algo y no me lo querían contar hasta después del show? Papi tenía recaídas frecuentes debido a todos sus achaques, y Mami estaba luchando con toda su fuerza en contra de la leucemia invadiendo su sangre. Me fui a trabajar con esa nubecita colgando sobre mi cabeza, pero como bien dice la famosa frase: "El show debe continuar".

Al comienzo del programa, salieron primero mis compañeros a escena para presentarme y darme la bienvenida como la nueva copresentadora. Fue un momento lleno de alegría. Mientras estábamos sentados en el sofá, luego de hacerme unas preguntas sobre cómo se siente comenzar algo así de nuevo, pasaron a otro segmento en donde rodaron un clip con imágenes de mi vida y la voz de Mami en off describiendo algunas de las diferentes etapas de mi vida:

... Es que era tan linda, parece una muñequita, tan bella. Desde que estaba en la barriga que yo la quería [...] la quise tanto desde pequeñita. Todos mis hijos han sido con A y Adamari [...] ella fue como un hada para nosotros. De vez en cuando hacía sus travesuras. Fue reina de su colegio San Antonio Abad en octavo grado. En la escuela ella salía en los programas y casi siempre la ponían en el papel principal porque ella, no sé, ella tenía algo que se destacaba. Trabajó dos años en Venezuela también cuando pequeña. Ella es una luchadora. Ella cuando se empeña en algo lo logra y lo hace bien. Luchadora, tan trabajadora, vencedora, exitosa.

Escuchar el orgullo de la voz de Mami en ese clip me hizo sonreír, sonrojar y me sacó las lágrimas. Tengo tanto para agradecerle. Espero siempre continuar siendo la luchadora, trabajadora y vencedora que ella crió, y espero que siga así de orgullosa desde el cielo y pueda ver cómo ahora comenzaré a transmitirle a mi propia hija los valores increíbles que me inculcó ella desde que salí de su vientre.

Cuestión que al terminar el clip, me sequé las lágrimas y comencé a decir unas palabras de agradecimiento por ser parte de mi querida familia López-Torres cuando de pronto escuché su voz. Por un segundo pensé que era una llamada telefónica al aire, por lo que lo primero que se me ocurrió decir fue: "¡Mami, yo te llamé esta mañana y tú no me contestaste!". Y al instante me di cuenta de que en realidad estaban ellos ahí entrando al set. Me fui directo a ellos, con una mezcla de emociones. Y entre sonrisas y llantos, le dije a mi papá: "¡Yo te llamé esta mañana para que me dijeras felicidades y no te encontré! Llamé a tus empleados del negocio y no te encontré".

No sólo estaba feliz de tenerlos ahí conmigo, dándome en persona la bendición que tanto deseaba, pero también fue un gran alivio saber que estaban bien, que no les había pasado nada. Se me calmó aquella angustia, pero igual tenerlos ahí me ponía un poquito nerviosa porque quería asegurarme de que estuvieran bien, y porque también rezaba por que Papi no se desbocara como lo solía hacer ahora de más grande.

Cuando yo era una niña, Papi era un hombre militar, muy serio y recto, casi no bromeaba. Pero a medida que fueron pasando los años, fue aflojando esa forma de ser estricta y se volvió más parlanchín, quería cantar, era como que buscara ser reconocido y tener un papel más protagónico. Entonces, yo sabía que en ese momento, en el programa, si por él fuera, hubiese acaparado el show, cantando, animándolo y haciéndolo de él. Era muy divertido verlo así, pero en ese primer día de trabajo, yo lo que quería era que pasara todo de lo mejor y más tranquilamente posible. Me daba miedo que de pronto empezara a cantar una de sus canciones preferidas de música mexicana e interrumpiera algún segmento de mis colegas.

Ahora lo recuerdo y sonrío, pero en ese momento me tenía algo ansiosa la situación, porque yo lo que quería era cumplirle al programa y al canal. De Mami no me tuve que preocupar porque ella era mucho más relajada y centrada en esas situaciones. Pero Papi era otra cosa. Además de sus posibles cantos esporádicos, cada vez que volvían al segmento conmigo y con ellos, yo cruzaba los dedos con la esperanza de que Papi pudiera escuchar bien las preguntas. Para ese momento, ya le fallaban los oídos, y si no escuchaba la pregunta era posible que se distrajera y empezara a cantar. Pero yo sabía que si la lograba escuchar, entonces se concentraría en contestarla y sobreviviríamos el segmento sin algún momento inesperado. Gracias a Dios, así fue, y terminamos gozando mucho ese día juntos.

En los meses siguientes, aprendí muchísimo, no sólo de las experiencias positivas, sino también de mis errores. Me acuerdo de que una vez, dentro de esos primeros meses de trabajo, me tocó leer el apuntador y hablar sobre un jugador de fútbol. Estaba leyendo la nota de lo más tranquila, hasta que llegué al nombre del jugador. No sabía quién era, no soy tan fanática del fútbol, entonces casi me muero de la pena por tener que decir su nombre, pero estaba en medio del segmento en vivo, no podía frenar, el show debe continuar, así que lo leí no más: "Caca". Sí, lo pronuncié así, como cuando vamos al baño: "caca". Al instante de que saliera esa pronunciación de mi boca, los de producción me gritaron por el auricular en mi oído: "¡Kaká! ¡KakÁ!". Pero ya era demasiado tarde. Al terminar el segmento, me moría de la risa explicándoles que no tenía idea ni quién era ni que se pronunciaba su nombre con el acento en la última "a". ¡Qué pena y qué risa! Ahora sí que aprendí quién es Kaká, y ya no me volverá a pasar eso. ¡De errores se aprende! No fue un error tremendo, pero sí le dio a mis compañeros razón por la cual burlarse cariñosamente de mí por un rato.

A medida que han pasado los años, la verdad es que los nervios siguen estando presentes, pero ahora son diferentes. Los nervios de antes ahora son un manojo de nervios controlados. Siento que seguramente nunca se irán del todo porque al comenzar cada programa, lo que ansío es hacer bien mi trabajo y lograr superarme todas las veces posibles. Eso me resulta extremadamente gratificante. Lo que me inspira a cumplir este papel de esta forma es mi gran deseo de poder darle lo mejor al público. Quiero dar lo mejor de mí para ayudar a que cada programa supere el anterior, para que así siga creciendo el índice de audiencia y, principalmente, para que la gente se vaya contenta al trabajo, habiéndose divertido y habiendo descubierto al menos un ápice de información fresca, para comenzar su nuevo día con una sonrisa.

Lo que me encanta de este trabajo es que me expone a cosas nuevas casi a diario, sin embargo, ese también es el reto. Para poder llevar a cabo esta posición, uno constantemente está aprendiendo algo nuevo. Yo no puedo leer el apuntador sin saber de lo que estoy hablando porque eso se nota enseguida en la televisión y no le va a llegar al público como se lo merece. Para poder realmente transmitir el mensaje que estoy leyendo, lo debo asimilar primero, si no suena demasiado estructurado y rígido. Y, al menos en nuestro show, el objetivo es que la gente sienta que uno le está hablando directamente como si fuera una conversación, algo que fluye naturalmente. Es más, cuando me toca entrevistar a alguien, me gusta hacer preguntas que realmente me dan curiosidad o hablar sobre temas que me interesan, cosas que quiero aprender, porque ese interés personal es lo que se va a transmitir de una manera más genuina a la persona viendo el programa en su casa.

Los temas que abordamos los discutimos y planeamos en las reuniones de producción. Estas reuniones se hacen todos los días después del programa. Ese es el espacio que tenemos para organizar y darle el toque final al programa del día siguiente, así como planear los que vendrán. Es el momento para escuchar y dar sugerencias sobre temas que podríamos cubrir en el futuro. Estos segmentos de los cuales hablamos varían bastante. Pueden ser sobre temas que nos interesa a cada uno así como temas que nos sugiere el público cuando se cruzan con nosotros en persona. Cuando finalmente se eligen los temas y el presentador que los desarrollará, a este se le asigna un productor para ayudar a llevar a cabo la preparación que conlleva cada segmento. A veces uno puede decir que le interesa un tema en particular, y otras veces también puede tener que ver con algo personal. Por ejemplo, si alguno tiene una relación de amistad o alguna conexión más cercana con algún artista en especial, esa entrevista se le asigna a esa persona porque eso no sólo lo hace sentir más cómodo al entrevistado, sino que, al conocerse, pueden llegar a abordar otros temas que van más allá de lo que ya todo el mundo sabe.

Al prepararme para hacer una entrevista como presentadora,

lo primero que hago es empaparme en el tema del cual estaré hablando. Llego a la entrevista con mi lista de preguntas, pero esta lista en realidad es más como una guía. En el momento, es necesario estar totalmente conectado a la entrevista, escuchando cada detalle y prestando mucha atención, porque de pronto puede surgir algún tema inesperado pero interesante, y ahí toca improvisar y hacer preguntas que no están en la lista original. Esto se vuelve más fácil si he hecho la tarea de aprender sobre el tema. Si no lo hago puedo perder una gran oportunidad que con seguridad hará de la entrevista algo muchísimo más interesante. Me ha pasado, y cuando ocurre me frustro conmigo misma porque sé que quedaron preguntas en el tintero.

También he aprendido que previo a la entrevista, es bueno juntarse con el invitado para hablar un poquito sobre lo que vendrá. Yo procuro preguntar si tiene algo que quiera destacar o decir, si quiere que agregue alguna pregunta a mi lista para asegurarnos de tocar ese tema en particular, y a veces le pregunto sobre alguna duda personal que tengo sobre el tema como para ver si sería algo interesante para comentar al aire.

Uno de los segmentos que más me gusta es el de los viernes, cuando viene el doctor Alberto Domínguez Bali, el sexólogo. Me parece súperinteresante porque las preguntas de sexualidad que surgen en ese segmento realmente son importantes. Muchas de las personas viendo el show quieren aprender sobre el tema, pero no se animan a hacer esas preguntas. Entonces, nosotros nos volvemos su voz. Hacemos las preguntas que no se atreven a hacer ellos para así poder compartir información clave para llevar una vida sexual satisfactoria y sana. Pero también planteamos preguntas a raíz de nuestras propias inquietudes. Por ejemplo, cuando estaba embarazada, Toni y yo queríamos saber si tener relaciones podría afectar a la bebé. Creo que es una pregunta que se le cruza en la mente a muchas parejas embarazadas, pero pocos se animan a hacerla. Otro tema que hemos abordado es el tema del sexo en la vida de las mujeres de cincuenta y tantos años para arriba, cómo hacer para realzar el deseo sexual, qué hacer si necesitas más lubricación. Son temas de conversación que en el día a día pueden resultar incómodos, pero que muchos viven con esas dudas que requieren de respuestas. Me encanta poder ser parte de un programa que ayuda a informarnos a todos sobre tantas cosas interesantes e importantes en nuestras vidas.

Otro tema del que he aprendido muchísimo en el programa es el de la inmigración. Siendo ciudadana estadounidense, no he tenido problemas de inmigración en este país; sin embargo, he vivido en Venezuela y en México como inmigrante, y sé el dolor, el sacrificio y lo difícil que es para muchas de las personas llegar aquí, conseguir papeles y obtener un estatus legal. He visto todo lo que tienen que sufrir para lograrlo, cruzando fronteras, lidiando con discriminación constante. Entonces, cuando nos toca hablar sobre este tema con algún experto de inmigración, me conecto con la situación de una manera personal y hago las preguntas que siento le servirá más al público para poder ayudarlos a responder el sinfín de dudas que surgen con este tema tan complejo.

La verdad es que este nuevo capítulo en mi carrera me ha enseñado muchísimo, y todavía me queda más por aprender. Al comenzar y mientras fui desarrollándome en este nuevo papel, no conté con un mentor en particular, sino con el apoyo, los consejos y el cariño de muchos. Me acuerdo de que al llegar a Telemundo, María Celeste Arrarás fue muy amable conmigo. Me recibió en su oficina para hablarme un poco de lo que estaba por experimentar y me dio unos consejos invaluables sobre lo que es ser presentadora de un programa. Fue un momento muy especial y se lo agradezco inmensamente porque sé que ella apartó un ratito de su tiempo para conversar conmigo, para orientarme, para darme la bienvenida en Telemundo.

Giselle Blondet también me brindó muchos consejos en una ocasión que me la encontré en un avión. Nos sentamos juntas y hablamos un montón. Ella tiene mucha experiencia en programas matinales, por lo que fue una conversación que me sirvió muchísimo. Y ni hablar de mis compañeros de trabajo.

Las personas con las que me ha tocado compartir el día a día en el trabajo han sido maravillosamente buenas y generosas conmigo, además de que me tienen gozando y feliz. Todos me hicieron sentir como en casa desde el primer día y me ayudaron un montón para que me sintiera cómoda con lo que estaba haciendo.

Daniel Sarcos es una persona encantadora y maravillosa que siempre sale con alguna locura mañanera, un profesional y uno de los mejores conductores masculinos que conozco; Ana María Canseco es muy dulce, tiene mucho carisma, la gente la quiere mucho, siempre tiene una palabra bonita y es muy armoniosa; Diego Schoening está súper comprometido con su trabajo, es muy puntual, muy dedicado, le encanta su trabajo, no tiene rollo con nada; James Tahhan es simpático, le encanta su trabajo, además de la cocina le fascina el deporte, y desde que entré al show, ahora como tradición, siempre me regala el árbol de Navidad. Neida Sandoval, bien comprometida con su trabajo, es una mujer luchadora, fuerte, inteligente y muy simpática, y siempre tiene un buen consejo. Rashel Díaz es toda alegría, música, baile, expresa lo que siente, sea bueno, malo o regular, siempre vas a saber dónde estás parada con ella, porque dice lo que piensa.

Realmente nos hemos acoplado todos muy bien como grupo, y creo que esa dinámica positiva se transmite claramente en la televisión. Por ejemplo, ahora con Rachel, de sólo mirarnos sé si es hora de cambiar el tema o si le toca hablar a ella. Como ella es la que lleva más tiempo en el show —lo empezó en Puerto Rico— conoce muy bien los tiempos y tiene sus truquitos de comunicación no verbal que ya todos reconocemos, lo cual ayuda inmensamente para llevar a cabo cada programa. Ella y Daniel, quien también lleva más tiempo en el show que los demás, son como nuestros líderes en ese aspecto; nos dejamos guiar por su experiencia. Daniel fue un gran guía para mí en particular porque si veía que tenía alguna muletilla, alguna palabra que repetía mucho, siempre de una manera muy cariñosa y con mucho tacto, me lo hacía saber. Y eso es justamente lo que yo necesitaba para poder aprender y mejorar en esta posición.

Ha sido y es una experiencia tremendamente gratificante, no sólo por el gran acoplamiento tan lindo entre nosotros, sino por la experiencia de estar tan directamente conectada con el público a través del contacto diario con la tele, de las redes sociales y hasta en las promociones en vivo, fuera del canal. Era algo que deseaba mucho experimentar, y me fascina. La gente se me acerca en la calle cuando hacemos promociones en diferentes ciudades y me cuentan lo que les gusta del show o qué les gustaría ver más desarrollado en términos de los segmentos de familia u hogar. Esas promociones nos ayudan muchísimo porque son el lugar ideal para empaparnos de lo que quiere la gente. A algunos les encantan los segmentos sobre el tarot o el horóscopo, ese misticismo de lo desconocido, otras personas se identifican mucho conmigo porque hablo de las novelas en el show, porque no sólo las veo sino que me las vivo. Es más, cuando las comento en el show, me peleo con los personajes y les digo cosas, y la gente goza a la par conmigo. Lo lindo es que todos los días realmente es un nuevo día, en el que brindamos un programa distinto a un público que reacciona de diferentes formas a lo que les presentamos, y de esa manera todos continuamente aprendemos algo nuevo. Es maravilloso.

Aún así, debo admitir que me sigue pesando levantarme tan temprano. La verdad es que no sé si logre acostumbrarme nunca porque es un momento tan delicioso del sueño, cuando uno está acurrucado y durmiendo profundamente y feliz. Entonces, cada vez que suena mi despertador, siento que me está gritando a toda voz: "Arriba, vamos, fuera de la cama, báñate, prepárate". Abro los ojos, todavía saliendo de aquel sueño reconfortante, y me dirijo al baño para comenzar mi día, aunque afuera sigue la noche cerrada, sin rastro alguno del primer rayito de sol en el horizonte. Sin embargo, al llegar al trabajo, me olvido de todo ese esfuerzo de despegarme de la cama porque Rashel, siendo de las primeritas en llegar, siempre tiene puesta música alegre y todos mis compañeros siempre llegan con la mejor energía, transformando esas mañanas nocturnas en mañanas iluminadas por risa y diversión.

Ahora, al cumplir tres años en el show, todavía siento que me queda mucho por aprender. Sigo siendo una novata en muchos aspectos y me queda bastante espacio para seguir creciendo y desarrollándome como presentadora. Quién sabe, quizá algún día hasta pueda tener un show propio, uno nunca sabe. Lo que sí sé es que para que llegue ese momento, necesito mucha más experiencia y nada mejor que seguir desarrollándome junto a mi familia laboral en *Un nuevo día*.

Sin embargo, con lo que me encanta este nuevo giro que ha dado mi carrera, confieso que a veces extraño trabajar en los proyectos dramáticos que fueron una parte esencial de mí durante prácticamente toda mi vida. Mi pasión por la actuación y esa parte de mi vida siguen muy vivos dentro de mí. Me devoro las telenovelas en la televisión y sueño con ser ciertos personajes. Ahora mismo estoy viendo *Los miserables*, *Tierra de reyes* y *Los dueños del paraíso*, y al verlas pienso en cómo me encantaría participar en las tres novelas. Pero bien, si tuviera que elegir una, sería la insoportable de Andrea que está enamorada de Samuel en *Tierra de reyes*, porque siempre está amargada y está llena de problemas, y el guardarse todos esos resentimientos la vuelve un personaje súper complejo e interesante para un actor.

Hace poco estábamos en casa y yo estaba viendo la novela cuando de pronto rompí en llanto. Toni me miró y preocupado me preguntó qué me pasaba. Y, entre sollozos, le contesté: "Me acaba de gustar mucho esa escena, ¡la hizo muy bien!", y seguí llorando de la emoción. Me mató. Es que yo sé lo que cuesta lograr esos momentos conmovedores en escena, y ella ni siquiera era la protagonista. A veces los personajes secundarios son más jugosos que los principales. Por eso, aunque obviamente todos aspiramos a interpretar personajes principales, luego de haberlo hecho, ahora sé que lo que busco es mucho más específico, es un personaje que me dé la posibilidad ·de mover las fibras de alguien de esa manera, sin importar si es protagonista o no.

En estos años, me han llegado ofertas para participar en novelas, incluyendo una en México. Había trabajado anteriormente con la productora que me contactó, Giselle González. En aquella época ella era productora asociada junto con Roberto Gómez Fernández, el hijo de Chespirito, y con ellos yo había hecho *Locura de amor* y *Alma de hierro*. En esta nueva ocasión, me llamó para ofrecerme un papel en *Yo no creo en los hombres*, que luego le fue muy bien y tuvo mucho éxito en México. Agradecí muchísimo que me hubiera tenido en cuenta, pero en su momento yo tenía mi contrato con Telemundo y no podía tomar otro trabajo. Realmente fue lindo recibir esa oferta y confirmar que, independientemente de la empresa en la que estoy o estuve, he quedado bien en todos los sitios y las puertas siguen abiertas para explorar nuevas posibilidades, si así lo deseara algún día. Me dejó con la sensación de que fui y voy por buen camino, lo cual me resulta extremadamente alentador y gratificante. Y quién sabe, quizá algún día logre mi sueño laboral de poder seguir adelante con mi carrera como presentadora y, a su vez, encontrar el espacio para participar en algún proyecto dramático corto, de televisión, cine o teatro. Nunca digas nunca.

4

En busca de mi milagro

Pasó un tiempito más largo de lo esperado para poder comenzar la fertilización in vitro porque los niveles hormonales de mi embarazo ectópico no se estaban regulando tan pronto como se pensaba. Así que me tocó esperar, la dulce espera, hasta poder dar el siguiente paso. Continué con mi plan in vitro porque, aunque sí había logrado quedar embarazada sin asistencia, seguía con los porcentajes en mi contra. Sabía que sólo tenía un cinco por ciento de posibilidad de quedar embarazada naturalmente, y entre eso y mi edad, no tenía el lujo de continuar esperando para ver si lo lograba otra vez sin ayuda. Era un milagro que decidí buscar activamente, haciendo todo lo que se encontraba a mi alcance para lograrlo.

A finales de 2013, llegó el momento de probar otra vez. El embarazo ectópico se había disuelto, las hormonas habían vuelto a regularse y el escenario estaba dispuesto para el siguiente capítulo de mi vida: la búsqueda de mi milagro. Una búsqueda que comenzó con más inyecciones.

Pero antes que eso, tuvimos que dar otro paso que me trajo malos recuerdos. En la relación anterior, yo no estaba casada cuando hicimos la terapia de fertilidad. Nos casamos luego, pero cuando llegó el momento del divorcio, el tema de los embriones fue todo un problema, uno de los más difíciles de enfrentar durante aquel momento doloroso.. En esta relación tampoco estaba casada, por lo que, antes de comenzar el tratamiento, debíamos sentarnos a leer y firmar una serie de documentos con respecto al hijo que podríamos concebir con este proceso. Déjà vu es poco. Esos benditos documentos me causaban mucha ansiedad y me traían recuerdos en los que no quería pensar, pero era necesario conversarlo. Yo no podía arriesgarme a quedar en una situación parecida por segunda vez, no cabía en mi cabeza. Estábamos sentados en la oficina del doctor, con los papeles frente a nosotros, listos para ser firmados, cuando miré a Toni y le dije: "Si nosotros no estamos juntos y aquí logramos tener embriones, ¿tú puedes firmar que tú renuncias a tu derecho para yo poder usarlos como yo entienda necesario?". No fue fácil pedirle esto, pero estaba determinada no sólo a tener un hijo, sino también a cuidarme. Uno debe aprender de todas las experiencias de vida, y ahora estaba aplicando la lección que había aprendido con tanto dolor anteriormente.

Toni sabía lo que me había pasado, él sabía cuánto deseaba tener hijos, él sabía todo sobre ese episodio en mi vida, y aún así se podría haber negado, estaba en su total derecho. Pero no lo hizo. Me miró a los ojos y me dijo que sí, sin dudarlo. No era ni tema de discusión.

Siendo más joven que yo, muchas veces veo en Toni una madurez que nunca antes había experimentado en una relación, sin importar la edad. Esa cualidad de él me brinda una tranquilidad inmensa. Y esa conversación que tuvimos ese día, que era el tema más complejo a tratar, daba por hecho que estábamos de acuerdo en todo lo demás con respecto a lo que sería tener un hijo juntos. Firmamos los documentos y el alivio que yo sentí es inexplicable. Otro paso más hacia mi milagro.

Así fue que comencé un nuevo ciclo de fertilización in vitro, varios años después de haberlo hecho por primera vez, con otra pareja, bajo otras circunstancias, con la mente cien por ciento puesta en conseguir el sueño más grande de mi vida, pensando que esta sería la solución, una solución que, mientras atravesé mi cáncer, había llegado a pensar que quedaría fuera de mi alcance.

El tratamiento consistía en dos inyecciones, una por la mañana y la otra por la noche, que tenían como fin hacer que el cuerpo creara la mayor cantidad de óvulos posibles. De esta manera, cuando llegaban a su madurez, se sacarían de mi cuerpo y se fertilizarían con el esperma de Toni, para así crear embriones que luego se colocarían en mi útero. Cuantos más óvulos, más posibilidades de embriones. No todos son viables, no todos se fertilizan, y de los que se fertilizan, no todos son buenos candidatos para la transferencia al útero. Pero nada de esto me hizo dudar de que aquí encontraría lo que más anhelaba.

Yo aguanto mucho dolor, he pasado por muchas situaciones y he salido vencedora, pero no me des una aguja porque me causa mucha impresión. Me pueden pinchar y hacer lo que tengan que hacer, pero yo no soy capaz de ponerme una inyección solita, sin ayuda. No puedo ver cómo la aguja pincha mi piel y se inserta en mi cuerpo. Siempre, siempre, siempre, respiro profundo y miro para otro lado. Por lo tanto, para este ciclo de inyecciones, necesitaba ayuda. Toni a veces viajaba por trabajo y muchas otras no coincidían nuestros horarios, por lo que le pedí ayuda a una amiga nuestra, Laura, quien muy generosamente me dijo que sí.

El día que me puso la primera inyección, se me vino a la mente una noche en un hotel de Nueva York con mi mamá. Tenía los medicamentos para comenzar este tratamiento por primera vez en mi vida, y todo empezaba con la primera inyección. Sólo que ni yo ni Mami nos animábamos a ponérmela. Nos pasábamos aquella aguja como si fuera una papa caliente porque a las dos nos daba impresión y ninguna quería tomar esa responsabilidad. Finalmente llamamos a alguien del hotel para que nos ayudara, ¡y lo hizo! Fue el señor del hotel el que al fin me colocó la inyección. Nos reímos por mucho tiempo después de aquel episodio de esa noche. Qué lindo hubiera sido tenerla ahí conmigo en este segundo intento, por más de que seguramente también tendría que haber estado Laura dada nuestra aversión a las agujas.

Pero ahora, gracias a Dios, también estaba a mi lado Laura. Durante el período de inyecciones, casi siempre se quedaba a dormir en casa, ya que la primera inyección me la ponía a las 4:30 de la mañana, antes de irme a trabajar. La clave en esta fase del tratamiento es la constancia. Las inyecciones se deben administrar a la misma hora dos veces por día. La otra me la daba a la tardecita, y a cada una le seguía un coctel de medicamentos, siempre siguiendo instrucciones específicas del doctor.

Me lo tomé todo bastante bien y tranquila, quizá porque ya lo había hecho unos años atrás y sabía qué esperar. El cuerpo definitivamente se ve afectado por las inyecciones, se hincha, cambia. Es parte del tratamiento. Pero más allá de estos efectos secundarios, todo parecía estar funcionando, y finalmente llegó el día de la extracción.

Fui a la clínica, donde me llevaron a una sala y me pusieron la anestesia previo a la extracción. Me dieron ganas de llorar. Me dio un gran sentimiento. Pero esto tampoco me sorprendió. En casi todas las anestesias que había tenido que recibir a lo largo de mi década de los treinta años, se me dio por llorar, no era nada nuevo. Ahora que lo pienso, quizá sea porque al siempre guardar tanto y sonreírle a todos por más de que esté sufriendo por dentro, el efecto relajante de la anestesia seguramente también relaja mis sentimientos y por eso salen a borbotones en forma de llanto.

De cualquier forma, ahí estaba lista para la extracción. Todo pasó bastante rápido y una vez en la sala de recuperación, vino alguien del equipo y me dijo cuántos óvulos pudo sacar. La vez pasada, unos años atrás, cuando pasé por este tratamiento antes de someterme a la quimioterapia por mi cáncer de seno, fue todo un éxito. Me extrajeron veintitantos óvulos sanos, de los cuales once estaban en óptimas condiciones para ser fertilizados. Por lo tanto, en esta ocasión, ni dudé de que esta fase fuese diferente. Pero lo fue. Esta vez sólo lograron sacarme dos óvulos. De veintitantos a dos. Quedé algo sorprendida, pero de todas formas lo recibí como una buena noticia. Al menos había dos. Sentí nuevamente que estaba un paso más cerca de mi milagrito. Tenía mucha fe y esperanza de que todo iba a salir bien.

Pasaron dos días, los dos días que necesitan los médicos para fecundar los óvulos, y luego llegó la llamada para confirmar el siguiente paso. Si fertilizaron, te dicen cuándo debes ir para hacerte el implante y qué medicamentos tienes que administrarte para preparar el útero para recibir al embrión. De hecho hay varias opciones aparte de hacerlo enseguida: puedes preservarlos y hacerte el implante más adelante; puedes ponerte uno y preservar los demás para seguir probando, si es que los primeros no pegan; o puedes ponerte unos, si todo va bien, tener a ese bebé, y guardar los restantes por si quieres tener más hijos en el futuro.

El doctor me llamó y me confirmó que de los dos óvulos fecundados, uno estaba más fuerte y era el mejor candidato para la transferencia. ¿Sería ese mi hijo? Estaba súper contenta y entusiasmada, pensando que íbamos por buen camino, creyendo que todo se iba a dar bien. Son constantes olas de emociones que aumentan aún más con las hormonas extras que uno lleva encima. Aunque no quieras, bajo estas circunstancias, realmente no hay manera de no ilusionarse cuando cada paso se cumple y te dicen que está saliendo todo bien.

Toni había estado firme a mi lado durante la extracción, pero el día de la transferencia, el domingo 20 de octubre de 2013, a él le tocaba ir a grabar *Mira quién baila*, así que me acompañó Laura a la cita. Con el sedante que me colocaron antes de hacerme la transferencia, recuerdo que nuevamente me invadió una ola de emociones y de pronto comencé a reírme y llorar, llorar y reír, sin saber bien la razón. Era una mezcla de sentimientos y emociones inexplicables. Estaba por recibir el embrión que en nueve meses podría transformarse en un hijo en brazos. ¿Cómo no reír y llorar bajo estas circunstancias?

Luego de hacer el implante, una vez que el embrión estaba dentro de mí, el doctor me miró fijo a los ojos, y me dijo: "Científicamente, ya hice todo lo que se puede hacer. Ahora realmente está en manos de Dios". Y tenía razón. Él me ayudó a crear esta pequeña esperanza y me la colocó en el útero, pero de ahí a que se pegue, de ahí a que ese embrión logre cobrar vida dentro de mi matriz, pues eso sería parte del milagro de la vida. No había nada que pudiéramos hacer, sino esperar y tener mucha fe. Y mi fe latía fuertemente dentro de mi corazón y alma. Tanto creía en este milagro, que yo estaba segurísima de que mi bebé ya estaba en camino. En unos días volveríamos para que me hicieran el análisis de sangre y así poder decirme si todo había funcionado, si Dios había obrado este milagro…o no.

Me fui a mi casita a descansar, una vez más, sintiéndome embarazadísima. Pasaron los días necesarios, me hice el análisis y esperé la llamada para que me confirmaran lo que yo creía que ya era realidad.

Finalmente sonó el teléfono. Esperé en silencio, ansiosa de escuchar las palabras que confirmarían que mi sueño se estaba haciendo realidad, pero lo que dijo la persona del otro lado de la línea me quitó el aliento: "No estás embarazada".

Fue como si me hubieran dado un puño en el estómago. Esa frase me derrumbó el mundo instantáneamente. Corté el teléfono y exploté en llanto. Toni quería consolarme, quería hacer o decir algo para hacerme sentir mejor, pero en ese momento lo único que quería era estar sola. No podía hablar. No sabía qué decir. No podía comprender lo que estaba pasando. Y él me lo respetó, aunque también le era una desilusión.

Fui al baño y me encerré ahí adentro, dejando a Toni afuera, dejando al mundo entero afuera, y me senté a llorar libremente. Necesitaba descargar el desespero de mi alma sola, sin que nadie me tuviera pena, sin que nadie tratara de hacerme sentir mejor, sin tener que disimular mi profunda tristeza, sin tener que simular estar bien, porque esto de bueno no tenía absolutamente nada. Ese "no estás embarazada" me tumbó la ilusión, me tumbó la felicidad, hasta por un instante me tumbó la fe.

El desconsuelo fue absoluto, pero la obsesión por lograr mi meta y cumplir este sueño era más fuerte que todo. Sabía, a pesar de aquella tristeza, que seguiría tratando, que esta no sería la última vez. No se dio, seguía sin entender por qué, pero eso no me quitaba las ganas y el ímpetu de seguir luchando por el sueño más grande de mi vida. Continuaría buscando a mi bebé de todas las formas posibles y pasaría por todo lo necesario para encontrar este milagro que tanto ansiaba. Lo único que no perdí con aquella noticia fue mi convicción de seguir la búsqueda.

Hablé con mi doctor y, queriendo obviar las palabras de aliento o consuelo, fui directo al grano: ¿Cuándo podíamos hacer el siguiente tratamiento? ¿Cuánto tiempo teníamos que esperar para que me recuperara de este y continuar con el próximo? A pesar de mi gran desilusión y tristeza, quería hacerlo lo más pronto posible, pero justo coincidía con unos días de vacaciones que tenía planeadas por las fiestas de fin de año, momento que me es sumamente importante compartir con mi familia, así que decidimos posponerlo hasta principios de enero.

Toni no era el único preocupado por mí en ese tiempo, también lo estaban nuestras familias. El tratamiento de fertilidad es bien agresivo para el cuerpo, y hay que recordar que no sólo soy una sobreviviente de cáncer, sino que mi cáncer justamente se alimentaba de las hormonas que me tenía que inyectar en este proceso. Entonces, por más que toda mi familia quería que yo cumpliera este sueño tan deseado, un sueño que ellos también deseaban para mí, estaban angustiados porque ninguno quería que me regresara la enfermedad, una enfermedad que la primera vez apareció en mi cuerpo de la nada, una enfermedad que realmente nos marcó a todos de por vida.

Todos sabíamos que estaba jugando con fuego, que aquellos medicamentos podían llegar a despertar ese monstruo si todavía residía en mí alguna ínfima célula cancerígena. Mi determinación cegaba ese pensamiento, pero para mi familia esa era una nube de desasosiego con la que cargaban a diario mientras me brindaban el máximo apoyo de siempre, rezando para que aquellas nubecitas grises no se transformaran en una tormenta avasalladora. Todos estuvieron enfocados y pendientes de cada uno de los tratamientos. Sé que mi hermano le pedía mucho a Papa Dios y prendía velitas. Y como somos tan unidos, ellos vivían mis desilusiones como propias. Fue una época dura para todos nosotros.

Por suerte, el tema económico en esta ocasión no fue tan grave como la vez anterior. Todas las visitas, las inyecciones, los tratamientos, todo cuesta dinero, y en la mayoría de los casos son procesos que no están cubiertos por el seguro médico. La primera vez que me sometí a un tratamiento de fertilidad, años antes y en mi relación anterior, los gastos corrieron por nuestra cuenta. Esta vez, después de haber tomado la decisión, tuve la fortuna de descubrir que el seguro médico que tengo por medio de mi trabajo me cubría algo del proceso para quedar embarazada, lo cual fue un gran e inesperado alivio.

De todas formas, con o sin seguro, mi meta era clara, y el siguiente tratamiento comenzó en enero, al volver de celebrar las fiestas en Puerto Rico, cuando nuevamente estábamos tranquilos en casa con nuestra rutina diaria.

Inyección va, inyección viene, más medicamentos, más ansias de obtener lo deseado, pero ahora con más cautela. Intentaba mantenerme positiva y apoyarme en la fe, pero en esta ronda tenía la ansiedad más a flor de piel. Ya habíamos pasado por la ilusión y desilusión de mi embarazo ectópico, la alegría y el derrumbe después del primer tratamiento... ¿sería verdad el dicho? ¿La tercera sería realmente la vencida? Estaba ilusionada, obsesionada, deseosa, enfocada en una sola meta y esta se tenía que cumplir, sí o sí. No lo podía ver de otra manera.

Llegó el día de la extracción y, otra vez en la sala de recuperación, me avisaron que esta vez habían logrado sacarme sólo un óvulo. Las probabilidades continuaban bajando. Ahora tenía una sola oportunidad para cumplir mi sueño dentro de esta ronda. Una sola posibilidad. ¿Sería este el milagro de Dios? A pesar de todos los altibajos, mi esperanza siempre aparecía cuando menos lo pensaba para iluminar mi camino, como los rayos del sol que se asoman entre nubes tormentosas. Un óvulo, una nueva esperanza...

No. No fue una nueva esperanza. Fue otro golpe. Otra desilusión. El 18 de enero de 2014 me llamaron para avisarme que la transferencia no se haría porque esta vez no había qué ponerme. Resulta que luego de sacar el óvulo, ni siquiera lograron fecundarlo porque se deshizo en el acto. Se desintegró, y así se desvaneció ante mis ojos otro hijo que no sería, otra a posibilidad para convertirme en mamá que no había dado fruto.

En vez de tumbarme en la cama a llorar, mi obsesión se volvió más fuerte. En mi siguiente cita con el doctor, dos días más tarde, fui lista para planear y comenzar un tercer tratamiento. No me iba a dar por vencida. Mi fuerza, mi vida, mi alma estaban enfocados exclusivamente en lograr quedarme embarazada y tener a mi tan deseado hijo. Vaya sorpresa me di al sentarme en aquella oficina ese día, y escuchar el consejo del doctor.

No anduvo con rodeos. Me dijo que no contara con una tercera ronda del tratamiento de fertilidad. Acto seguido, me explicó que a esta altura, había llegado el momento de pensar en otras alternativas otras manera de tener a un hijo. Sin quizás decírmelo tan directamente, y quiero aclarar que guardo una relación maravillosa con él, sus palabras me dieron a entender que él ya no quería hacerme más tratamientos. A sus ojos, habíamos agotado los recursos en términos médicos para él ayudarme a que tuviese un hijo con mis óvulos dentro de mi vientre. Me recomendó que comenzara a pensar en otros recursos, como una donadora de óvulos, adopción, etcétera. Él quería que estuviera abierta a otras formas de ser mamá y dejara de estar tan empeñada, obsesionada o enfocada en que solamente fuera de mis propios óvulos.

No era la respuesta que yo quería escuchar, para nada. Me costó digerir y aceptarla. No era lo que yo deseaba. En ese momento lo único que quería era un hijo mío, de mi óvulo, de mi vientre, sí o sí. En ese momento, no existían otras opciones en mi mente. No podía darme por vencida, seguía aferrada a esa única y exclusiva opción.

Quedé mareada, confundida, sus palabras me dieron coraje, no me gustó lo que me dijo, pero igual disimulé todos estos sentimientos que hervían dentro de mí, y en aquella oficina mi reacción externa fue como si lo que me decía estuviera bien. Actué como si estuviese aceptando sus sugerencias, cuando por dentro lo que tenía era un volcán que estaba a punto de estallar. En realidad, el doctor probablemente sabía que yo no estaba muy receptiva a lo que me estaba comentando, por lo que me dijo: "No tienes que tomar una decisión ahora. Piénsalo. Tómate tu tiempo. Cuando estés lista, hablamos otra vez".

Estaba totalmente desconcertada y furiosa, habiendo recibido una respuesta que no sólo no quería escuchar, sino que no quería aceptar. Yo había ido para que habláramos de cuándo empezaríamos el tercer tratamiento. Sentía que todavía no habíamos agotado todos los recursos. Sin embargo, este doctor me conocía muy bien. No sólo tenía mi historial médico sino que él había sido el que, años atrás, me había hecho pruebas y había llegado a la conclusión, por los resultados, de que mis probabilidades de quedar embarazada eran remotas, de sólo un cinco por ciento, aquel famoso cinco por ciento con el que venía cargando yo desde entonces. Él había estado siguiendo mi caso desde esa vez, sabía todo lo que había pasado, las ganas que tenía de tener un hijo. Él tenía un panorama clarísimo de mi caso y, obviamente, no me quería dar falsas esperanzas.

A lo mejor esas dos rondas de tratamientos que habíamos hecho fueron su manera de complacerme. Sin dudas quería ayudarme a lograr mi sueño, eso lo tengo bien claro, pero, a la vez, él sabía que el camino sería más difícil de lo que yo quería creer o aceptar. Yo lo único que pensaba en aquel entonces era: "Deme mi bebé. Haga que se haga posible, búsquelo, lógrelo, como sea". No lo podía ver de otra forma. Pero mi doctor estaba más que consciente de mi realidad médica, de cómo cada ronda de hormonas era un riesgo para mi salud. Además, seguramente no quería seguir alimentando mi ilusión, así como verme gastar más dinero en un método que muy probablemente no me daría el resultado que yo tanto deseaba. Antes de despedirnos, me reiteró: "Médicamente he hecho todo lo posible. Esto ahora está en manos de Dios".

5

Cierro los ojos y me entrego al amor

De camino a casa, luego de esa última cita con mi doctor, tratando de digerir sus palabras, sus recomendaciones, intentando comprender por qué no quería que hiciéramos un tercer tratamiento, lo único que sentía era desilusión. ¿Por qué se me hacía tan difícil cumplir este deseo? Sí, otra desilusión, otra prueba de fe. Mi mente estaba saturada de preguntas sin respuestas, y de pronto me sumí en silencio. No quise hablar mucho más del tema. Ya sabía que el doctor no quería continuar haciéndome tratamientos, que él no se prestaría para ayudarme como yo deseaba, y sus alternativas no eran algo que yo podía considerar en aquel momento, así que lo único que pensé al salir de esa cita fue en cambiar de doctor. El deseo de cumplir mi sueño me tenía completamente cegada.

Mientras tanto, todo este proceso, estas rondas de fertilización, esta obsesión, las desilusiones, inevitablemente comenzaron a afectar mi relación con Toni. Él me apoyó en todo, pero todas estas dudas y preguntas no las hablaba mucho con él porque sentía que esto no era su decisión, era la mía. Sé que era duro para él, tengo claro que suena y era egoísta, pero en ese momento lo que él quería no era tan importante como la necesidad que tenía yo de lograr este milagro. Pero los milagros no se logran, ocurren y llegan cuando toca, no cuando uno quiera…una lección que aprendí más tarde.

Dadas todas estas circunstancias, Toni y yo pasamos momentos difíciles como pareja, algo que quizá reconozco más abiertamente yo que él, pero no lo quiero negar. Pasó. Y además, es muy común que ocurra en situaciones como la nuestra. El sube y baja de emociones que uno vive con cada tratamiento, y encima sin que den resultado, afecta a todas las parejas de alguna u otra manera. Entre él y yo había un distanciamiento claro, hasta habíamos dejado de hacer el amor. Lo hablo abiertamente porque quiero que las otras parejas que pasaron o están pasando por algo similar no se sientan solas. Quiero que sepan que es normal y que, con comunicación y amor, lo pueden superar. Es muy difícil explicar lo que se siente desear algo con tanto ahínco, algo que según las leyes humanas debería llegar de forma natural, y no lograrlo. Es una gran prueba de fe, es un momento de introspección, surgen preguntas e inseguridades que nunca antes se habían asomado. Pero hay que enfrentarlas y, aunque todo se vea gris, jamás perder la fe. Y eso incluye la fe en la pareja.

Antes de comenzar el tratamiento de fertilidad, el médico nos recomendó que nos hiciéramos unos análisis para asegurarnos de que todo en nuestros cuerpos estaba funcionando bien. Cuando llegaron los resultados, además de ya saber que yo sólo tenía cinco por ciento de probabilidades de quedar embarazada, salió que los espermatozoides de Toni no eran óptimos. A ver, ¡qué más! Es decir que no sólo estaba el tema de mi edad y los efectos que dejó en mí el cáncer que tuve, sino que ahora lo de Toni tampoco estaba del todo bien. Se me hacía difícil comprender esto. ¿Cuánto más podría aguantar la situación? ¿Cuánto más podríamos aguantar nosotros?

Fue un proceso tan difícil de entender y aceptar, y mientras más obsesiva me volvía con tener un hijo, más distante se encontraba nuestra relación. A lo mejor le resultó duro ver que yo no lo tomara tan en cuenta dentro de esta decisión, en realidad no estoy segura porque nunca lo llegamos a hablar. A Toni le gusta llevar una vida más tranquila, su frase preferida cuando enfrentamos algún obstáculo es: "No pasa nada, todo va a estar bien". Él quiere ver el lado positivo, seguir caminando hacia adelante, mientras que yo he aprendido a permitirme sentir el dolor del momento, aceptarlo, vivirlo, sacarlo aunque sea sola en el baño, y luego, seguir adelante, sin dejar que eso se acumule y me carcoma por dentro.

Son diferentes maneras de enfrentar momentos difíciles, ninguna es necesariamente la correcta, pero en aquel momento toda la situación que estábamos viviendo sin duda nos había alejado. Claro, ahora que lo pienso, entiendo a Toni. Cuando yo era más joven, este tipo de comunicación más abierta también se me hacía difícil. Quizá la madurez de los años y de lo que viví me ha llevado a comunicarme más abiertamente hoy en día, mientras que él, aún siendo increíblemente maduro en muchos aspectos, todavía quizá tiene que lidiar con el miedo de decir algo que me ofenda o que nos perjudique, pero hablando es como se solucionan las cosas.

Cuando nos fuimos a dar cuenta, cuando finalmente me quité las anteojeras y dejé de lado mi obsesión por conseguir lo que sólo

Dios me podía conceder en su debido momento, empecé a mirar a mi alrededor y descubrí que se había creado una brecha entre nosotros, algo que debíamos atender de inmediato para que no se terminara por quebrar del todo.

Entre otros factores, lo que ocurrió también es que Toni tenía el mismo deseo de tener hijos que yo, pero no tenía la misma urgencia. En mi caso, la ventanita por donde podía pasar aquel cinco por ciento de probabilidad cada vez se volvía más pequeña. Ambos sentíamos esa presión, porque él estaba consciente de mi situación, pero la vivimos de diferentes formas, desde perspectivas muy distintas. Yo sentía que el tiempo se me acababa, mientras que él me insistía que podíamos seguir intentando con calma. No tenía la misma premura especialmente por su personalidad tranquila y también por su edad más joven. Mientras que cada vez que me decían que mis posibilidades de quedar embarazada eran menores, yo lo vivía como un golpe en el alma. A todas estas, el bombardeo de medicamentos, que no sólo causó un desequilibrio físico en mí sino que me provocaba un miedo sigiloso de que estaba tentando mi suerte con respecto al cáncer que tuve, no ayudaba en nada a nuestra situación de pareja.

En esa época, me tocó entrevistar para una serie que estábamos haciendo en *Un nuevo día* a un muchacho chileno, Felipe Viel, papá de dos niñas. Me contó que él y su esposa se habían anotado en un programa de padres sustitutos. Al hacerlo, recibieron tres hermanitos en su casa, aparte de sus dos hijas adolescentes biológicas. Vi lo felices que eran esos niños en ese hogar, lo felices que eran esos papás, que ya tenían dos hijas, y comprendí la necesidad que tienen estos niños sin hogar de encontrar un lugar estable lleno de amor. De pronto, algo me hizo clic por dentro y logré comprender que había otras formas maravillosas de ser madre. Y finalmente entendí lo que me estaba tratando de decir mi doctor.

Era hora de abrirme a estas otras posibilidades de ser madre. Comencé a darme cuenta de que había otros caminos y pude lentamente comenzar a indagar un poco más en estos temas. Es más, empecé a averiguar qué tenía que hacer para yo ser un padre sustituto, pero lo hice por mi cuenta, no se lo comenté a Toni en su momento. Nuevamente, era algo que estaba haciendo para mí en vez de ser algo que hacíamos los dos juntos.

Ahora que pasó, lo observo desde afuera y me doy cuenta de que estábamos metidos en el mero medio de una pesadilla. Había dejado de lado mi relación, el amor, todo, porque lo único que me interesaba era lograr tener un bendito hijo. Y pensaba lograrlo, aunque me dijeran que tenía todo en contra. Lo único que cabía en mi mente era que tenía que pasar, hasta que comencé a abrir los ojos y dije basta. Era hora de recuperarme y de recuperar mi relación.

En realidad, habíamos tenido otras pruebas anteriores que logramos superar, aunque ninguna así de fuerte. Al comienzo de nuestra relación, la gente criticaba que fuera menor que yo, lo comparaban con mi ex, y luego salió publicado mi libro. Pues eso trajo otra turbulencia en su momento, ya que muchos se concentraron en un solo capítulo del libro, en vez de leerlo entero y comprender el mensaje primordial de como es posible superar hasta las pruebas más difíciles que nos presenta la vida, como el cáncer de seno.

Por otro lado, creo que el libro ayudó a que Toni comprendiera por qué soy cómo soy ahora, ya que él todavía no conocía bien quién era Adamari López. Con *Viviendo*, pudo meterse en mi vida desde el comienzo y descubrir quién era de chiquita, quién era al irme a

Venezuela y México por trabajo, cómo crecí personal y laboralmente, cómo era a nivel personal a diferencia de mi persona artística. Y creo que todo tuvo aún más sentido cuando vivimos todo lo ocurrido a comienzos de 2013 con la publicación del libro.

Ahora que lo pienso y miro hacia atrás, es probable que mi manera de ser y reaccionar a veces le molestara, porque todavía me quedaban reacciones que venían del miedo de sentir que él podría llegar a tener fallos que yo ya no toleraría. Y, si es que alguna vez le molestó, tiene razón. Le tocó pagar por algunos platos rotos que nada tenían que ver con él. La realidad es que Toni es único, como lo somos cada uno de nosotros en este mundo, y sólo el tiempo y nuestras decisiones determinarán nuestro futuro como pareja. Por suerte, nada de eso logró deshacer lo que hasta ese momento habíamos logrado construir. Pero eso fue sólo el comienzo.

Cuando recién estábamos afianzando nuestra relación, de pronto sentimos que nos encontramos bajo la mirada escudriñadora de todo el mundo. No sólo notábamos la turbulencia en público, sino también dentro de mi familia. Un día, Papi declaró abiertamente en los medios que no aprobaba mi relación con Toni, cosa que me dolió en el alma, ya que no sólo su opinión era muy importante para mí, sino que me costaba comprender cómo podía decir algo así públicamente sin habérmelo dicho a mí primero.

En retrospectiva, me pongo en los zapatos de mi papá, y finalmente puedo comprender su reacción. Creo que en realidad todo provenía de un instinto paternal de protección. Tenía miedo de que volviera a fracasar y no quería volver a verme quizá tan vulnerable como cuando me divorcié. Quizás pensaba que si mi ex fue un hombre de quien estaba enamorada, que económicamente me podía brindar una estabilidad, y no funcionó, lo de Toni no iba a funcionar tampoco, y saltó con sus opiniones para protegerme de otro dolor. Claro, él estaba orgulloso de que hubiera logrado pasar por ese divorcio y retomado mi vida como mujer independiente. Pero seguramente creía que al meterme en esta relación nueva con un bailarín recién llegado de España, que no tenía una posición económica independiente estable para ofrecerme algo más como lo que él aspiraría como papá para su hija, y que encima era menor que yo, pues, lo estaba arriesgando todo de nuevo. Desde su perspectiva, yo estaba repitiendo el mismo patrón al involucrarme con un muchacho más joven que tiene una carrera que no es estable ni garantiza una entrada de dinero fija. De lo que todavía no se había dado cuenta era no sólo que Toni era otra persona completamente diferente, sino que yo había aprendido de mis errores y lo último que quería era repetirlos.

Por otro lado, mi papá, siendo un hombre mayor, era muy tradicional en su manera de pensar y creía que un hombre debía mantener a su mujer, o quizás esa era su visión y su deseo para sus hijas. Al fin y al cabo, aunque yo estuviera en ese momento cerca de los cuarenta años, mi papá siempre me vio como su niñita, y lo único que quería era lo mejor para mí. Por todas estas razones creo entender que le costó bastante trabajo aceptar esta nueva relación.

Sin embargo, con el tiempo, al ver que la relación iba en serio, que Toni estaba siempre presente, que era un buen hombre, que a lo mejor no ganaba a la par que yo, pero que sí generaba un ingreso y aportaba en todo lo que podía, eso le brindó a mi papá la seguridad que no había sentido al comienzo. Toni nunca le faltó el respeto, nunca hubo un maltrato; él permitía que Papi fluyera como quisiera, siempre dándole su lugar, sin nunca hacerle una mala cara ni nada. Y con el tiempo, sin duda se ganó el cariño y respeto de Papi así como de toda mi familia.

TUVIERON QUE PASAR unos meses, incluyendo un Día de los Enamorados bien tenso, para que ese distanciamiento entre nosotros después de los tratamientos de fertilidad disminuyera, para que yo pudiera retomar mi vida, procesar todo lo ocurrido, evaluar mis pensamientos y que todo volviera a fluir. Pero con las ganas que ambos teníamos de mejorar la relación, logramos retomarnos como pareja.

Para lograrlo, entre otras cosas, hablamos mucho —nada se arregla si no se platica—. Antes, cuando algo me causaba angustia, no lo hablaba, pensando que si me mostraba sumisa todo sería para mejor y se arreglaría solo. ¡Cuán equivocada estaba! Por suerte, con los años aprendí que la clave para cerrar la brecha que se había establecido en nuestra relación era conversar. Ahora lo primero que hago es comunicarme: hablo, me pongo furiosa, expreso lo que estoy sintiendo y pido que por favor me cuente él qué siente y qué está pasando por su mente. Necesito saber que podemos solucionar el problema.

No fue fácil para ninguno de los dos. Toni y yo tenemos el mismo carácter; él es tan fuerte como yo, pero, a la hora de hablar sobre problemas, él evita la confrontación. Cuando tiene algo que decir sobre la relación o algo que no le gusta, le cuesta mucho, a pesar de tener un carácter español fuerte en otros aspectos de su vida. El problema era que si ambos nos quedábamos callados, lo único que íbamos a lograr era alejarnos cada vez más. Por eso, sentarnos juntos, mirarnos a los ojos y decirnos lo que estábamos sintiendo fue un paso esencial para entendernos y mejorar nuestra situación.

Poco a poco fuimos dejando de lado el coraje, la indiferencia, el problema, que en verdad no era problema. En ese momento, con tanta tensión, una cosa pequeña se podía volver un monstruo de pelea, pero en realidad la raíz del asunto era mucho más profunda; todo se reducía al dolor que ambos estábamos sintiendo dadas las circunstancias. Pero al hablarlo, lo pudimos ir superando. Comenzamos a ser más detallistas el uno con el otro, empezamos a salir otra vez, a reconquistarnos, a recuperar lo que se había perdido.

Hacia finales de marzo, nos fuimos de viaje a Argentina —aquel viaje que años atrás tuve que cancelar por mi diagnóstico de cáncer y nunca había vuelto a tener la tener la oportunidad de hacer—. Por fin se me estaba cumpliendo ese deseo de conocer ese país y lo estaba haciendo junto a mi pareja. Fue otro gran paso que dimos en esa época para reenamorarnos, para reencender la llama que se había vuelto tenue entre nosotros. No se había apagado, pero el torbellino de desilusiones y emociones la había hecho menguar. Planear aquel viaje y salir de nuestro entorno diario, de los recuerdos constantes de los intentos fallidos para quedar embarazados, fue increíblemente útil para comenzar a sanar nuestra relación. Había llegado la hora de recordar y retomar lo lindo de la pareja, lo que nos unió desde un principio con aquel primer beso que nos dimos bailando el tango en *Mira quién baila*. ¿Y qué mejor lugar que hacer eso que en el mismo país del tango? Ese viaje logró apaciguar del todo la tensión que se había establecido en nuestra relación y nos permitió respirar un nuevo aire de esperanza en la pareja.

Al volver de Argentina, con la ayuda del amor que ambos seguíamos teniendo por el otro, finalmente nos volvimos a recuperar y toda la magia que una vez había existido entre nosotros reapareció. Nuevamente sentíamos el deseo de estar juntos, de abrazarnos, de besarnos, de hacer el amor, de compartir, de salir y de reír. El amor y la comunicación ganaron esta batalla, algo que me sirvió inmensamente para darme cuenta de que, aunque todavía no había logrado la meta de tener un hijo, sí había logrado la meta de encontrar un nuevo tipo de amor, donde ambos queremos estar con el otro, donde en el día a día nos seguíamos eligiendo. Ese fue un paso esencial que me ayudó a abrirme y realmente entregarme al amor.

Mayo de 2014 nos encontró planeando un viaje a República Dominicana, uno que en realidad Toni había estado planificando minuciosamente sin que yo supiera. Estaba por vivir una gran sorpresa, un evento al que él le dedicó tanto empeño y tanto amor que me dejó boquiabierta, aceptando algo que poco antes no hubiera considerado.

Ambos teníamos un compromiso de trabajo el fin de semana del 17 y 18 de mayo en la República Dominicana. Ese sábado a la noche, Toni iba a presentar un número musical que él había montado y yo iba a presentar el espectáculo con el número musical que Toni había preparado para el show, que luego seguiría andando sin la necesidad de él estar presente. Entonces, el plan era ir a Punta Cana a trabajar y de paso festejar mi cumpleaños, que justo caía el domingo de ese fin de semana. Me parecía una forma de celebrar lindísima. Tenía el viaje a Argentina todavía fresco en mis sentidos, y sentía que este próximo viajecito sería delicioso, ya que sería otra oportunidad para estar los dos juntitos celebrando.

En esos días previos al viaje, alguien en los medios había dicho que nos íbamos a casar en la República Dominicana, pero al escuchar eso, simplemente me lo tomé como otro rumor más. Yo estaba convencida de que sólo íbamos por el trabajo y mi cumpleaños. Ni siquiera se me ocurrió la posibilidad de un compromiso. Pensaba: "¿pero por qué se inventan que nos vamos a casar, si además hemos dicho abiertamente que vamos para allá por trabajo y para mi cumpleaños? ¿Por qué se inventan cosas que no son?". Pero claro, yo no sabía todo lo que había estado haciendo y planeando Toni. Es más, mi mejor amiga me llamó para decirme que estaban diciendo en la tele que me iba a casar, y yo le contesté: "Pues eso es novedad para mí porque no nos vamos a casar. ¿Qué les pasa?". Mientras yo seguía ajena a todo lo que estaba ocurriendo a mi alrededor, Toni seguía adelante, coordinando algo maravilloso y, a su vez, nervioso porque poco a poco se acercaba el día en que pediría mi mano.

Aterricé en el aeropuerto de Santo Domingo, República Dominicana, el viernes 16 de mayo de 2014. Toni me fue a buscar. En realidad, él quería buscarme y llevarme al hotel en helicóptero, pero por fallas mecánicas los planes cambiaron a último momento y nos fuimos en carro. De camino para el hotel, me quedé dormida entre sus brazos, porque venía de trabajar desde las cinco de la mañana, y además estaba cansada de toda la semana. A él le vino buenísimo mi descanso porque aprovechó para avisarle a todos que ya íbamos de camino, pidiéndoles que por favor no salieran de las habitaciones para así poder evitar arruinar la enorme sorpresa de esa noche.

Cuando llegamos, nos recibió el mánager del hotel, quien me dirigió hacia la primera sorpresa del día que fue llevarme directito al spa. *Uf, qué mejor regalo*, pensé al entrar en las instalaciones. Me hicieron un facial delicioso y luego me llevaron a otro cuarto para darme un masaje. Cuando entré, vi que había dos camillas, y en eso entró Toni y nos dieron un masaje de pareja. Después nos dejaron en el jacuzzi con un champán y unas fresas, todo realmente exquisito. De ahí, volvimos al cuarto para bañarnos y arreglarnos porque él me había avisado que había reservado una cena para esa noche. Yo estaba relajada y feliz, sintiéndome dichosa de tener un novio tan detallista.

Mientras nos arreglábamos para salir, hice lo que pude para peinarme y maquillarme y verme decente para la cena. Yo no soy de maquillarme mucho y además me acababan de hacer un facial. En realidad, por mí hubiese ido con la cara lavada y todo, pero era claro que la noche sería especial... en realidad mucho más especial de lo que yo creía en ese momento. Justo me había llevado un vestidito blanco, algo que siempre empaco cuando viajamos a la playa, así que me lo puse esa noche, no porque él se pusiera insistente ni nada, sino porque me nació, cosa que le vino genial a él ya que la idea era que tanto nosotros como los invitados estuviéramas vestidos de blanco.

Cuando salimos del cuarto, en son de sorpresa por la cenita especial, Toni me tapó los ojos del cuarto al carrito de golf. En el carrito me dejó la venda puesta porque en realidad mientras nos dirigíamos a la supuesta cena justo nos tocaba pasar por enfrente de el grupo completito de gente que ya estaba en posición para sorprenderme luego. Todos se mantuvieron mudos mientras pasamos por al lado con el carrito, y yo estaba tan encantada con el plan de la noche que realmente no me di cuenta de nada más.

Al llegar a nuestro destino, bajamos del carrito y me quitó

la venda. Estábamos en la playa frente a un caminito que llevaba a una mesa y dos sillas blancas con grandes lazos rojos puestas frente a un enorme corazón hecho de la penca de la palma. La noche estaba preciosa, iluminada por una luz romántica de luna llena. Nos sentaron y comenzaron a atendernos los mozos. No soy de mucho beber, y no soy gran fan del champán, así que nos sirvieron sangría, que es lo que más me gusta, y fresas bañadas en chocolate blanco. Yo estaba encantada con lo que creía era la sorpresa de la noche. Era todo una hermosura. Nunca nadie me había hecho una cena romántica en la playa a la luz de las velas con una luna perfecta, así que ese festejo de cumpleaños me parecía ya un regalazo.

Me acomodé para continuar disfrutando esta noche tan especial cuando de pronto apareció Carlos Simón, un amigo de Toni, con una guitarra y se puso a cantar una canción que había compuesto especialmente para la ocasión. Yo no paraba de sonreír. No podía haber sido más romántico. Al finalizar la canción, nos saludamos y se fue. Entonces, Toni se dispuso a enseñarme unos videos que todos los que estaban presentes (aunque yo todavía no sabía que estaban ahí) me habían grabado para desearme un feliz cumpleaños, diciendo que lamentaban muchísimo no poder estar ahí conmigo. Fue un momento muy bonito. Me sentí muy amada. ¿Qué mejor regalo que todo lo que había hecho Toni más los mensajitos de mis seres queridos? Divino. No podía ser una noche más completa y perfecta... o eso creía yo en ese momento.

Mientras esperábamos a que nos trajeran el primer plato de comida, Toni me sugirió que nos acercáramos al mar para tomarnos una foto con la luna espectacular que nos agraciaba con su presencia. Yo encantada acepté. Estábamos mirando hacia el mar, y

Toni sacando la foto, cuando yo le dije: "Pero de ese lado no, nos tenemos que voltear para que salga la luna en la foto". No sé cómo hizo, pero me convenció de que primero nos tomáramos la foto mirando hacia el mar. Yo no sospeché absolutamente nada. Sin embargo, mientras hacíamos eso, estaba llegando mi familia por la playa para darme la sorpresa de cumpleaños.

De repente escuché unos ruidos y antes de lograr darme vuelta del todo, empezaron a cantar y casi me desmayo de la emoción. ¡Estaba toda mi familia ahí! Hermanas y hermano, sobrinos, sobrinas, toditos —excepto Papi que por su condición de salud no podía viajar—, cosa que casi nunca pasa cuando nos vamos de viaje. ¡Tan bellos! Estaban todos vestidos de blanco, las nenas con florcitas en la cabeza, ¡qué cosa más divina! Pues ahora sí, ya para mí no había más regalo que ese. Mi cumpleaños estaba completísimo ahora.

Con el entusiasmo de estar todos juntos, seguimos caminando por la playa un poquito y de pronto apareció de sorpresa otro grupo, esta vez eran mis amigas de toda la vida de Puerto Rico. Nuevamente una ola de emoción, abrazos, risas. No podía creer poder contar con la presencia de todos ellos ese día. ¡Qué regalo! Okay, ahora sí, se acabó. Nunca me imaginé que podría haber más que eso, pero estaba por ver cómo mi imaginación se había quedado corta, porque caminamos otro poquito ¡y saltó otro grupo de amigos queridos!, y unos pasos más tarde, ¡aparecieron mis amigos del ambiente de trabajo! Realmente no lo podía creer. ¡Qué sorpresa tan bella! Ahora sí que estaba más que completa la fiesta.

"¡Pues vamos todos a celebrar!", dije emocionada al ver las caras de todos mis seres más queridos ahí presentes con nosotros. Y en eso aparece mi suegra, diciendo: "¡¿Ustedes se creen que van a celebrar sin mí?!". Qué rico, qué linda sorpresa me había armado Toni. Me tenía emocionadísima y con una sonrisa que no me la quitaba nada ni nadie.

Íbamos a subir al hotel a comer, pero al final decidimos quedarnos un ratito más ahí en la playa para hacer un brindis y celebrar ese momento tan especial. Mientras tanto, me contaron que Toni estaba hablando solo, diciendo: "Pues, hombre, ahora sí lo voy a hacer. Ahora sí lo voy a hacer". Fue entonces cuando Daniel Sarcos y Karla Monroig, dos de las queridas sesenta personas presentes en este momento tan único, armaron un círculo para el supuesto brindis.

Estaba tan emocionada y feliz que cuando nos juntamos todos para el brindis, la que empezó a hablar fui yo. Les di las gracias a todos por estar ahí, por haber hecho mi cumpleaños uno muy especial, expresé que no había mejor manera de continuar nuestra relación y nuestra vida juntos que con esa celebración en familia. Es más, ahora que lo pienso, es como si le estuviera diciendo que sí a Toni sin saber lo que estaba por pasar. Porque juro que realmente no tenía idea. Claro, la excusa de mi cumpleaños le había venido como anillo al dedo.

Cuando terminé de hablar tomó la palabra Toni. Con su copa de champán en la mano comenzó a decir algunas cosas y parecía que estábamos listos para brindar cuando de repente lo vi arrodillado hacia mí. Quedé boquiabierta. Acto seguido, me dijo: "Con el permiso de doña Vidalina que está ahí arriba y con el permiso de tu papá que no está aquí, entonces tengo el permiso... ¿quieres casarte conmigo?".

No lo podía creer, no comprendía lo que estaba ocurriendo. Por un segundo pensé que estaba bromeando. ¿Esto es en serio?

Mientras, todos los que nos rodeaban permanecieron en silencio, casi sin respirar, esperando mi respuesta, sabiendo que anteriormente yo había declarado que no pensaba casarme otra vez, observando mi reacción. Lo del compromiso en realidad no lo sabía casi nadie. Toni había hecho todo lo posible para mantenerlo secreto para así evitar que saliera sin querer en los medios o se le escapara a alguien y le arruinara esta maravillosa sorpresa que había planeado con tanto cuidado y amor. Hasta mis hermanos llegaron a Punta Cana creyendo que sólo había un festejo de cumpleaños para mí y que era sorpresa. Luego se enteraron allí mismo que había más porque se los dijo la mamá de Toni sin querer, se le escapó. Mi familia no tenía idea de si yo contestaría sí o no, y aún así no me hicieron llegar la noticia. Dejaron que pasara lo que tenía que pasar.

Me corrió un escalofrío de emoción por el cuerpo y enseguidita le contesté, sin titubear: "¡Sí, sí quiero!". Todos estallaron en un grito de alegría. Toni me colocó el anillo de compromiso en el dedo, se paró y nos dimos un largo abrazo entre lágrimas y sonrisas, sintiendo nuestros dos corazones latiendo fuerte al ritmo del amor.

Después de eso, nos fuimos a comer y a celebrar con música y hasta un pastel. Fue una noche inolvidable que duró hasta la madrugada. Lo más bello de todo fue que había gente mayor, gente joven, unos se conocían, otros no, colegas, amigas de toda la vida, pero las sesenta personas presentes se integraron entre sí como si se hubiesen conocido de toda la vida. Fue una noche inolvidable y un fin de semana con nuestros seres queridos maravilloso, una algarabía desde que llegué hasta que me fui. Quedará grabado en mi memoria para siempre.

Llegué a mi casa tarde el domingo 18 de mayo, así que el lunes, a las 4:30 de la mañana, al recibir la llamada de Papi, le di la primicia y compartí todos los sucesos del fin de semana. Se alegró un montón por nosotros y eso fue muy importante para mí. No podría haber pedido un mejor festejo de cumpleaños y de compromiso. Me había entregado al amor, al romance, a la esperanza. Había dado el sí, un sí que un tiempo atrás no pensé que daría: ¡Estaba comprometida!

AL ARMAR AQUELLA celebración y pedirme la mano, Toni realmente se arriesgó por nuestro amor. Él sabía cuál había sido mi posición con respecto al matrimonio. Lo de mi divorcio fue un golpe muy fuerte, y me tomó tiempo recuperarme. Al comenzar mi relación con Toni, no estaba cerrada al amor, simplemente necesitaba llevar mi vida de una manera diferente. Había logrado tomar conciencia de mis acciones erradas y de mis patrones y por nada en el mundo quería repetirlos; eso no conduciría a nada bueno.

La idea de volverme a casar no era una que yo sintiera necesaria. Es más, en la nueva etapa en la que entré después de mi divorcio, dentro de la que luego conocí a Toni, sentía que el casamiento de alguna forma me quitaba el enfoque tan preciado que tenía en darme la prioridad y el espacio que antes no me había permitido. Había pasado una vida complaciendo a los demás sin pensar en lo que me haría bien a mí, en lo que yo deseaba. Cuando estaba fallando aquel matrimonio, en vez de pensar en lo que sería mejor para mí, hice todo a mi alcance para salvar algo que quizá ya no tenía vuelta atrás. Al conocer a Toni, finalmente había logrado encontrar mi camino, mi foco, y realmente me había podido dar la importancia que merecía en mi vida y en mi relación nueva.

Después de esas pruebas gigantes que me tocó vivir en mis treinta, lo único que yo deseaba era desarrollar una relación sana donde tanto yo como mi pareja nos continuáramos eligiendo en las buenas y en las malas por amor, y no por un documento legal que impone que así debe ser. Tenía la ilusión de vivir en pareja, tener una familia, compartir con una persona el resto de mi vida, pero sentía que la honestidad que tanto deseaba en una relación no la iba a encontrar al firmar un documento. Eso no garantizaba nada, y yo lo que necesitaba era sentirme segura, amada y deseada en mi relación; eso era suficiente. Creo que tenía mi divorcio todavía bastante fresco para pensar en casarme otra vez en aquel entonces, pero la vida está en constante movimiento, cambiando cada dos por tres, y uno debe abrirse a los cambios y a las nuevas experiencias y continuar evolucionando como ser humano.

Toni sabía cómo me sentía al respecto, por lo que dentro de nuestra relación no hubo momentos de charlas sobre la posibilidad de casarnos o sueños con cómo lo haríamos. Estaba claro que yo estaba contenta con lo que teníamos y realmente no necesitaba más, y él jamás me presionó con el asunto. Sin embargo, ese año en el que intentamos quedarnos embarazados sin éxito, en el que nos alejamos y nos volvimos a encontrar, nos volvimos a enamorar. Todas aquellas circunstancias y vivencias dolorosas que crearon una brecha entre nosotros, al final terminaron uniéndonos de una forma más profunda, creamos un lazo aún más fuerte entre nuestros corazones. Y quizá, sin palabras, ambos sentimos que se había abierto una puertita nueva dentro de nuestra relación, una que llevaba a la posibilidad de llevar nuestro amor al siguiente nivel. Ahora veo posible lo que antes ni podía considerar como una opción.

Yo había tomado muchas decisiones independientes en nuestra relación, quizá por la necesidad de utilizar esta nueva voz que había encontrado después de todo lo vivido en mi relación previa. Necesitaba ejercitar mi independencia, sentirme segura de mí misma, pero también sentirme segura con él. Quizá por el miedo a repetir la misma historia, me fui para el otro extremo. Y eso, en realidad, me ayudó mucho a llegar a quien soy hoy día. Creo que mantengo la misma nobleza y bondad que la persona que era antes, pero he crecido a los golpes y ahora soy una mujer muy diferente a la que era cuando estaba casada unos años atrás. Hoy día, no me aguanto ni la mitad de las cosas que me aguantaba antes. Todo el miedo que tenía anteriormente, ya no existe. Ahora vocifero lo que pienso, lo que quiero, lo que no me gusta, y en la relación con Toni he venido practicando y desarrollando esta nueva yo, y él me lo ha permitido.

Sin embargo, en aquel momento de 2014, después de haber pasado por todo lo que pasamos, me di cuenta de que si seguía manejando mi relación de forma tan independiente, quizá no llegaría mucho más lejos. Era difícil para él tener que pagar los platos rotos de algo que no le incumbía, y no era justo. Una relación se hace de a dos y llega un momento en donde uno debe bajar las defensas y abrirse al amor para realmente disfrutar lo que es estar en pareja. Con Toni me siento feliz, amada, apoyada, y tanto la seguridad que me brinda su presencia como la forma en que se desarrolló nuestra relación, me permitieron abrir las compuertas de mi corazón y finalmente vivir de lleno esta relación.

Cuando él me pidió la mano, y me preguntó "¿Te quieres casar conmigo?", jamás pasó por mi mente decirle que no. Mi "sí" surgió desde el alma. No lo dije por compromiso. Fue una ilusión que no había estado antes, pero en el momento en que me lo planteó, acepté con muchas ganas y felicidad. Es más, a lo mejor, si no me lo hubiera preparado de esta forma, como una gran sorpresa, y en vez hubiera venido a hablar más fríamente sobre la opción de casarnos, es posible que mi respuesta hubiese seguido siendo no. Pero su gesto me conmovió hasta la médula porque supe que le nació genuinamente desde el fondo de su corazón, y por eso lo recibí y acepté desde el fondo del mío.

Al fin y al cabo, yo lo que quería era estar con alguien que quisiera estar conmigo, que me enamore y que yo enamore todos los días, de eso se trata, nada más. Eso es a lo que uno debe aspirar y lo que uno debe buscar, porque matrimonios perfectos no hay. Y relaciones perfectas tampoco. Ahora sé que es clave y saludable que nos podamos comunicar sin ofendernos para seguir desarrollando nuestra relación, que nos sigamos entendiendo, nos respetemos mutuamente y podamos crecer... juntos.

Ahora estoy con alguien que, cuando sufrimos nuestro primer percance fuerte, eligió rescatar lo que teníamos y seguir adelante. Juntos. Toni perfectamente podría haber decidido terminar la relación e irse. Todo muy lindo, pero podría haber sido demasiado para él y ese hubiese sido el momento oportuno para decidir salirse de la relación, pero no lo hizo. Se quedó a mi lado. Y yo al suyo. Ambos seguíamos eligiéndonos. Y ahora tenemos la relación a la que yo tanto aspiraba, una que me inspiró a dar el "sí", una que me inspiró a entregarme al amor, con el hombre que poco tiempo después se convertiría en el padre de mi hija.

6

Los milagros sí existen

Todo comenzó en julio de 2014. Noté que no me había llegado el período, pero no me pareció tan extraño porque mis ciclos eran normalmente bastante irregulares y no tenía síntomas de embarazo. No tenía ni náuseas ni vómitos ni mareos ni nada. Sí tenía más sueño de lo normal, pero nunca pensé que sería signo de algo. Recuerdo que ese mes me había dado por comer tomate con mozzarella, proscuitto, vinagre balsámico y aceite de oliva, lo cual sí era inusual para mí. Por lo general, no como tomate, y el queso, si lo como, es en porciones pequeñas y pocas variedades.

Me sorprendía cómo me podía engullir un tomate entero dentro de esta combinación y me lo disfrutaba como si fuera la comida más exquisita del planeta. Sin embargo, tampoco era para alarmarme porque la verdad es que cuando a mí me da por comer algo, lo como todo el tiempo. Así que supuse que era eso. Simplemente pensé que le había tomado el gusto al tomate, y ahora quería comerlo todo el día. Fuera de eso, no hubo nada más que me podría haber dado un indicio de que estaba embarazada.

De la misma forma, cuando no me llegó el período, tampoco estaba convencida de que era porque estaba embarazada. Es más, lo primero que se me cruzó por la mente fue pensar: *¿Ahora cuánto tiempo duraré así?*

Pasaron los días y finalmente le dije a Toni: "Busca una prueba de embarazo sólo para salir de esta duda y ver si estoy o no estoy". La compró y la trajo a casa, pero no me la hice enseguida, tal vez porque había una parte pequeña dentro de mí que algo de ilusión todavía tenía y no tenía ganas de pasar por otro desencanto, por más mínimo que fuera.

Finalmente, agarré la prueba y me fui al baño, a ver qué me decía. Empezó a aparecer una línea rosada y luego la otra, pero la segunda no estaba muy bien remarcada y era difícil dilucidar si era o no una línea rosada. Me quedé en silencio mirando la prueba, sin saber bien qué pensar o hacer, así que me dio por escribirle a mi doctor.

"Doctor, ¿lo puedo llamar? Me acabo de hacer una prueba de embarazo y no sé cuál es el resultado correcto".

"No me escribas, llámame", me respondió.

Era el sábado 19 de julio de 2014. Aunque muchas veces tengo el teléfono personal de los doctores que me atienden, no soy de las que están molestando a cada rato porque me parece que sólo son para usar en caso de emergencia y menos me gusta interrumpirles el fin de semana. Sin embargo, ni había terminado de leer su respuesta que ya estaba sonando el teléfono. Era el doctor. Le expliqué con mucha calma que me había hecho una prueba que parecía ser positiva, pero que no estaba segura, y quería su opinión. Y con su acento argentino, me contestó: "Hacete otra y llamame". ¡Verdad! Andaba con tanta cautela que ni se me había ocurrido hacer otra prueba más en casa. Perfecto, quedamos así.

Como la cajita traía dos pruebas, ni siquiera tuvimos que salir a comprar otra, pero igual nos tocó esperar porque acababa de orinar y todavía no tenía la necesidad de ir de nuevo. Empecé a tomar agua, agua y más agua. Toni me preguntaba a cada rato si ya tenía ganas, pero nada de nada. Pasaron tres horas enteras hasta que finalmente estaba lista para ir al baño otra vez.

Otra vez encerrada en el baño, otra vez orinado sobre el palito, otra vez sin saber qué pensar ni sentir, pero ahora un poquito más nerviosa. En mi mano tenía una posible respuesta a todas mis oraciones y mi deseo más grande. Cuando me animé a mirar hacia el palito bendito, vi cómo rapidito aparecieron las dos líneas: Sí. En ese instante, sola en el baño, con la prueba positiva en la mano, no sabía si llorar de la emoción, si ilusionarme, no sabía si decírselo a Toni calmada o gritando de la alegría, si era mejor llamar primero al doctor, realmente no sabía qué sentir ni qué hacer. ¿Qué ilusión, qué novedad, qué experiencia llegaría junto a esta prueba? ¿Sería el comienzo de un nuevo capítulo, el capítulo más deseado de mi vida, o significaría otro dolor, otra desilusión, otra prueba de fe? Preguntas, preguntas y más preguntas.

Salí del baño y se lo dije a Toni de la forma más tranquila que pude, aunque los nervios de esta anhelada oportunidad me carcomían por dentro. Nos abrazamos, ambos sin saber bien cuál era la reacción correcta que deberíamos tener en ese momento. Luego llamamos al doctor, quien nos dijo que fuéramos al día siguiente, domingo, a su consulta. Las clínicas de fertilidad atienden todos los días, ya que los ciclos de las mujeres no tienen fines de semana de descanso. En realidad, yo no estaba haciendo ningún tratamiento de fertilidad, pero mi doctor quería seguir mi caso de cerca, dado todo lo que habíamos pasado juntos. Ningún otro médico podía entenderme tanto como él en ese momento.

Al día siguiente nos fuimos a la oficina a las siete de la mañana para hacerme el análisis de sangre y dar el siguiente paso para confirmar si realmente estaba embarazada... o no. Todavía no lo podíamos creer. Todavía no queríamos ilusionarnos. Necesitábamos más información. Luego del análisis, me mandaron a hacer un ultrasonido. Al entrar a esa sala, me encontré con la muchacha que me había atendido anteriormente, cuando pasé por los tratamientos de fertilidad, y le dije:

—Creo que estoy embarazada, pero no estoy segura si necesito un ultrasonido.

—Déjame llamar al doctor y preguntarle —me respondió.

El doctor confirmó mi duda. Todavía no era necesario que me hicieran un ultrasonido. Lo importante ahora era confirmar si estaba embarazada o no, luego seguiríamos los siguientes pasos debidos. Con esa respuesta, salimos de aquella oficina y le dije a Toni: "Si esto es cierto, no quiero que nadie se entere". No quería que ni su familia ni la mía supieran todavía la noticia. ¿Y si no se llegaba a dar? ¿Y si le decíamos y volvía a ser otra desilusión? Nuevamente me tocaría tratar de explicarle a todos el porqué de los sucesos cuando yo todavía me estaría haciendo la misma pregunta sin saber realmente cómo responder. No sólo me había pasado anteriormente con el embarazo ectópico, sino que también me ocurrió cuando me diagnosticaron con cáncer de seno. Tener que dar explicaciones cuando yo todavía no entiendo qué me está pasando y qué es lo que me va a pasar, no es nada fácil. Es una carga emocional agregada a todo lo que ya está sintiendo uno. Ahora necesitaba mantenerme lo más tranquila posible y dejar que todo fluyera como Dios quisiera.

Al desearlo con tanto fervor, decirlo y después que no se dé, lo transforma en un duelo aún más grande para uno y todos los que lo acompañan. Encima, hay que revivir el dolor y las preguntas para explicarle a cada persona la pérdida. Si son diez personas las que saben, son diez veces las que tienes que dar la explicación, más las preguntas que hacen cada una de esas personas. Cada mujer en realidad lo maneja a su manera... ¡Es algo tan personal! Algunas quizá necesiten más apoyo, otras menos, yo lo que necesitaba era ver cómo se desarrollaba esta novedad antes de compartirlo con mi familia, antes de realmente permitir que esa ilusión se apoderara de mi alma.

Aquel domingo después de la visita a la oficina del doctor, transcurrió de lo más normal. Me fui a mi clase de Bikram yoga y luego nos encontramos con amigos para brunch. Intentamos seguir como si nada y así distraernos para que las horas que faltaban para recibir el resultado del análisis de sangre pasaran lo más rápidamente posible. Cuando al fin llegó esa llamada, respiré profundo al responder el teléfono. La respuesta no tardó en llegar: ¡sí!

Sí, el análisis era positivo. Sí, estaba embarazada. Sí, había dado otro pasito hacia mi sueño. Sí, ese milagro que hasta me había llegado a parecer inalcanzable, de pronto estaba dando señales de vida. Toni se desbordaba de felicidad sintiendo que después de tantos percances y sufrimientos finalmente parecía que se estaba concediendo el sueño que habíamos anhelado todo este tiempo. ¿Cómo contener la emoción? ¿Cómo no ilusionarme? Pero sabía que era demasiado pronto. Había que dar los siguientes pasos y continuar rezándole a Dios y a todos los santos para que las respuestas siguieran siendo positivas.

Ahora sí tenía que hacerme el ultrasonido para ver dónde estaba el embarazo. También debía hacerme otro análisis de sangre para ver si habían subido los niveles de estrógeno y progesterona, los niveles que indican que el embarazo sigue su curso normal. La alegría crecía en nosotros, inevitablemente, pero estábamos conscientes de que todavía no podíamos festejar ni brincar ni brindar. Había que ver qué decían estos próximos análisis.

Lo que vivimos esos días a nivel emocional es casi inexplicable. ¿Cómo hacer con una nueva ilusión que uno sabe puede desvanecerse en un abrir y cerrar de ojos? El doctor nos recomendó que lo tratáramos de sentir como una emoción controlada. ¿Cómo coño hace uno para controlar este tipo de emoción cuando es un momento de tanta felicidad y tanta angustia después de todo lo vivido? Más que controladas, lo que sentíamos era un torbellino de emociones encontradas. Pero respiramos profundo y continuamos caminando, de la mano, sabiendo que para llegar al momento de felicidad máximo debíamos primero pasar por todas las pruebas y confirmaciones habidas y por haber.

El lunes mismo volvimos a la oficina del doctor para que me hicieran el ultrasonido. Recé con toda mi alma para que este bebito hubiera encontrado el sitio adecuado para desarrollarse. Cuando apareció la imagen en la pantalla, sonreímos: el embrión no estaba en la trompa sino en el útero, en el lugar donde debía estar. Otro pasito superado. Otro respiro de alivio. En ese instante, nos permitimos sentir más alegría, más ilusión. ¿Podía ser este nuestro bebé? ¿Esta vez se me concedería el deseo más grande de mi vida? La ilusión comenzó a brotar en mi corazón, comenzaba a desbordarse por mis ojos, hasta que el doctor me miró y con toda la tranquilidad posible me dijo: "Sí, tenés el bebé. Pero también tenés un hematoma intrauterino".

Lo único que se me ocurrió pensar en ese momento fue: "¡¿Qué coño es un hematoma intrauterino?!". No puede ser, ¿otra cosa más? Volvió la lluvia de preguntas internas, preguntas sin respuestas. Mi ilusión volvió a recibir otra bofeteada y nuevamente se escondió en la profundidad de mi ser. Ahora necesitaba explicaciones, respuestas. Le pregunté al doctor cómo afectaría esto al bebé, lista para que me dijera lo peor, y preparada para luchar con todo lo que tenía para poder darle vida a mi hijo.

Otra vez se mezclaban la felicidad y la preocupación. Otra vez mostrándome calmada y serena frente al doctor, tratando de escuchar su explicación, mientras lo que sentía por dentro era un huracán de emociones y ansiedades. Lo único que quería era salir de ahí para meterme a Internet y buscar toda la información disponible sobre este nuevo obstáculo que se presentaba en mi camino hacia la felicidad.

El hematoma intrauterino es un especie de coágulo de sangre que se forma en el útero. Una vez ahí, pueden pasar varias cosas: puede ir creciendo, se puede disolver, puede sangrar. Es algo que debe estar bajo observación, muy pendientes de qué giro da en el transcurso del embarazo. A partir de ese momento, y también dado mi historial, mi embarazo se volvió uno de alto riesgo. Me tocó ir al médico todas las semanas para ver cómo seguía el hematoma. Si me salía sangre podía ser indicación de que se había disuelto el hematoma, pero también podría significar que estaba perdiendo el embarazo. No quedaba otra que entregarme al destino y hacer todo lo que podía médicamente para controlar esta situación. Lo demás, como siempre, estaría en manos de Dios.

Durante este tiempo, cada vez que iba al baño, me limpiaba con miedo de ver sangre en el papel. Cada vez que sentía que me bajaba algún flujo, se me paralizaba el corazón pensando que quizá era sangre. Fue un período realmente muy angustiante para mí, para Toni y creo que hasta para el propio doctor. Todos estábamos con la ilusión de que esta vez si se me daría este milagro, ahora la posibilidad parecía estar aun más cerca que nunca, el embrión ya estaba en mi útero, pero seguíamos en estado de alerta.

Nuevamente, el doctor dijo que no era recomendable que viajara y, que al ser un embarazo de alto riesgo, debía permanecer lo más quieta y tranquila posible. Me pidió que no brincara, que no saltara, que no cargara nada pesado, que no hiciera movimientos bruscos, que no hiciera ejercicio; nada de clase de yoga en calor. En otras palabras, él quería asegurarse de que tomara absolutamente todas las medidas posibles para lograr que este embarazo sobreviviera esos primeros tres meses cruciales. Así que, con muchísimo cuidado, continúe mi vida lo más normalmente posible. Seguí yendo al trabajo, disimulando toda esta angustia y preocupación, actuando como si mi vida siguiera igual que siempre, deseando finalmente poder compartir este milagro, pero todavía era demasiado pronto. Una vez más, me agarré de la fe y la esperanza que siempre viven dentro de mí, aun cuando paso las pruebas más grandes, para disponer lo mejor de mí, con la energía más positiva posible para que todo se solucionara y se cumpliera mi sueño.

Así fue como pasamos los primeros tres meses de embarazo, Toni y yo solitos, agarrados de las manos, en ese vaivén de emociones. Felicidad, preocupación, ilusión, angustia. Controles semanales. Ansiedad, alivio, otra ola de ansiedad, felicidad, respiraciones profundas. Tan delicado fue aquel momento que mi querido doctor de fertilidad ni siquiera me recomendó un ginecólogo hasta que no se sintió seguro de que podía dejarme ir, hasta que no vio que era algo realmente viable.

Entretanto, también pasamos por momentos muy lindos y emocionantes, como lo son los primeros ultrasonidos, esas primeras imágenes que nos conectaron con el bebé que cargaba dentro de mí. La técnica nos explicaba lo que estábamos observando, porque al comienzo ellos lo ven clarísimo pero para uno es una imagen abstracta y nueva. Le caímos a preguntas para que nos explicara cada detalle de lo que estábamos viendo, mientras aferrábamos nuestras manos, llenos de emoción, sin poder creer que lo que estábamos viendo era nuestro hijo. Realmente estaba ahí, dentro de mi panza. Los dos teníamos los ojos llenos de lágrimas y una sonrisa plasmada en nuestras caras que no nos la podía quitar nadie.

Como es de costumbre con todo lo relacionado a mi salud y el ímpetu que tienen mis médicos de no permitirme viajar, ahora también tenía un viaje planeado que no sabía si iba a poder hacer o no. Antes de que surgiera esta inesperada noticia, habíamos comprado pasajes para viajar a España en agosto para visitar a los papás de Toni, como lo solíamos hacer ya que ese es el mes en que todos los españoles se toman sus vacaciones de verano, momento justo para aprovechar el tiempo libre de la familia de Toni. Ahora, el viaje coincidiría con mi embarazo. Para ese momento ya estaría de un mes y medio.

Pues, al acercarse la fecha, aunque el doctor anteriormente me había recomendado no viajar, quise ver si ahora podría ser posible. Me fui a hacer el control a la oficina del doctor y recibí una noticia positiva: el hematoma había presentado un cambio. Parecía estar disolviéndose. Estaba un poquito más alargado, pero definitivamente no había crecido. Ese mismo 8 de agosto tenía pasaje para salir en la noche a España. Esperé hasta el último momento, el último control, para ver qué me decía el doctor antes de tomar mi decisión, pero no le dije que pensaba irme de viaje. Al escuchar que el hematoma estaba disolviéndose, me fui a la casa para bañarme, cambiarme y salir al aeropuerto. Esta vez sí iba a viajar.

Cuando salí del baño, vi que me había llamado mi doctor. Me pareció extraño, pero se me ocurrió que quizá le faltó decirme algo, así que lo llamé de vuelta de inmediato. Cuando contestó, me dijo:

—¿Vos no te vas a ir de viaje? Me habías hablado de un viaje este mes, ¿no?

Me pilló. Se acordó.

—Sí —le contesté.

—¿Y por qué no me dijiste nada? —me dijo, casi retándome.

—Porque me iba a decir que no me fuera —le respondí sinceramente.

Pero ya que me había pillado y lo estábamos hablando, le pregunté, para salir de esa duda, cuál era su recomendación ahora que el hematoma había presentado mejoras. Su respuesta no era lo que yo quería oír. Seguía recomendándome que no me fuera, pero me explicó que la realidad era que las posibilidades de perder al bebé se me podían dar yéndome o no. Después me soltó el punto clave del asunto: si yo podía vivir tranquila sabiendo que si algo me pasaba en el viaje no era porque me había montado al avión, entonces me dijo que me fuera tranquila. Pero si ese pensamiento me generaba cualquier tipo angustia, entonces me pidió que lo pensara dos veces. De todas formas, la decisión era mía. Le agradecí y colgué el teléfono. Me dejó la cabeza dando vueltas. ¿Y si me voy y me pasa algo, será que podré vivir con la decisión de haber viajado. En realidad, sus palabras fueron sabias. Eran preguntas que realmente me debía hacer antes de montarme al avión, por cualquier cosa.

El tema con este viaje es que, al ver que íbamos en mejor camino con el embarazo y que ya estábamos llegando a los dos meses, nos pareció el momento ideal para darle la sorpresa a la familia de Toni y contarles en persona que íbamos a tener un hijo. Cuando se nos ocurrió usar esta vacación para esta ocasión, enseguida contacté a Adilsa. Quería hacer algo especial para anunciarle a la familia de Toni que estaba en camino un nuevo miembro de la familia, y necesitaba la ayuda de mi hermana para lograrlo. Se alegró un montón cuando le di la noticia, pero le pedí que no se lo dijera a nadie. Sin embargo, como ella me estaba ayudando a hacer algo para que yo le pudiera dar la noticia de una forma no tan tradicional a la familia de Toni, necesitó ayuda, así que acudió a alguien más de mi familia y le tuvo que explicar la situación. Pues así se fue corriendo la voz hasta que todos mis hermanos estaban enterados de que serían tíos. Ahora con más razón que nunca, le tocaba a la familia de Toni celebrar este milagro.

Luego de tantas preguntas volando en mi mente, finalmente

decidí subirme al avión. Me entregué al destino, a las manos de Dios. Me fui tranquilita, solita —Toni ya estaba en España— y dormí bastante en el vuelo. Llegué a Madrid, donde me buscaron unos amigos de Toni y me llevaron a tomar el tren AVE en la estación de Atocha, y de ahí partí hacia Valencia, donde me buscó Toni. Carmen, la mamá de Toni, no sabía que yo estaba viajando. Ese día, antes de que yo llegara, Toni se había encontrado con su mamá y le había dicho que la hermana y el esposo pasarían a buscarla para llevarla a un restaurante, así comían todos juntos, y mientras él iba a buscar a un amigo que también iría con ellos. Carmen estaba furiosa. No entendía por qué Toni tenía que traer a un amigo a la cena en familia, algo tan preciado ahora que él vivía lejos. Pero quedaron así de todas formas, y él la dejó para irme a buscar al tren.

Cuando llegamos al restaurante, ellos estaban afuera, y al ver el carro de Toni, notó que la persona que lo acompañaba no era un hombre sino una mujer, y se sorprendió y preocupó un instante. ¿En qué estaría metido su hijo? Pero cuando salí del carro y se dio cuenta de que era yo, enseguida suspiró y caímos en brazos. Noa, la sobrina de Toni, también se acercó para abrazarme. Me sentí llena de amor y felicidad. Nos sentamos a la mesa del restaurante y comenzamos a platicar y ponernos al día.

En alguna otra ocasión, Carmen me había mencionado que en Valencia parece que está una de las mejores clínicas de fertilidad de España y que ella tenía a alguien en la clínica que me podía atender para tratar de ver si había algo diferente que se pudiera hacer por mi caso. A raíz de eso, en la mesa, ella me comentó que lamentaba que yo no lo hubiese avisado que iba, porque ahora que estaba el país entero de vacaciones, sería más difícil sacar una cita para que me vieran... ¡y yo con la gran noticia del bebé creciendo dentro de mí! Pero seguí la conversación como si nada. "Ay, no te preocupes", le dije. "Será cuando tenga que ser".

Antes de que llegara la comida, les pedimos a todos que cerraran los ojos y le pusimos un baberito encima de cada uno de sus platos. Esto fue con lo que me ayudó mi familia. Cada baberito tenía algo diferente que lo distinguía del otro. El de la mamá de Toni decía: "Yaya, espero que me potrees como a Noa". En España, a los abuelos se les dice la Yaya y el Yayo, "potrear" es como cargar, achuchar, y Noa es su nieta mayor, la hija de la hermana de Toni. A la hermana de Toni le pusimos: "Espero que me enseñes a bailar", ya que la hermana es maestra de *ballroom*. Y bueno, así sucesivamente, le pusimos mensajitos personalizados a cada uno de la familia, a la mamá, el papá, la hermana y su esposo e hija, y la bisabuela.

Cuando les dijimos que ya podían abrir los ojos, todos se encontraron con su babero especial en el plato. Y así fue como les dimos la noticia. Se emocionaron todos, nos abrazamos, lloramos y Toni y yo finalmente nos permitimos celebrar esta gran noticia. Esa semana y pico de vacaciones, visitamos a los abuelos de Toni, disfrutamos momentos deliciosos en familia, fuimos a donde la virgen a darle gracias, fuimos al pueblo de donde son ellos, nos relajamos y pasamos unos días muy lindos y tranquilos. Al finalizar el viaje, nos regresamos a Miami los dos juntitos, luego fuimos un fin de semana a celebrarlo con mi familia en Puerto Rico, y ahora sí creíamos estar listos para embarcar de lleno en este embarazo, finalmente permitiéndonos sentir la alegría que habíamos intentado controlar desde un principio.

Aunque ya sabían nuestras familias, no le quisimos decir a más nadie hasta finalizar el primer trimestre y estar seguros de que todo seguía marchando bien; sin embargo, yo sentía que cada vez se me notaba más. Cada vez se me hacía más difícil disimular el embarazo. Me ponía ropa suelta y hacía lo que podía para ocultar mi barriguita creciente para que nadie se diera cuenta de lo que estaba sucediendo en mi cuerpo.

Entretanto, el hematoma siguió disminuyendo hasta desaparecer. Nunca sangré y ya estaba fuera de peligro, pero aún habiendo pasado los tres meses, seguía viendo si sangraba cuando iba al baño. En la noche hasta prendía la luz para ver bien, por si acaso. La verdad es que nunca dejó de angustiarme del todo. Creo que me quedó el trauma desde el embarazo ectópico, y aunque sabía que este iba bien ahora, no podía dejar de sentirme en alerta total. Ese miedo es difícil superarlo del todo una vez que pierdes un embarazo. Y encima yo sentía que en cualquier momento podía pasar algo grave otra vez. Los últimos años de mi vida se habían transformado en una ola de experiencias buenas y malas, donde llegaba a la cima de lo mejor, sólo para caer en otra desgracia o desilusión. Ahora sentía que estaba llegando a la cima y oraba con toda mi alma y corazón para que esa cima se extendiera y se transformara en un llano de una vez por todas, para al fin poder relajarme y no temerle a más obstáculos en este camino tan deseado.

Por otro lado, un buen día mi doctor de fertilidad decidió que ya no podía hacer nada más por mí y mi bebé; había llegado la hora para delegarme a un ginecólogo obstetra. Me recomendó otro argentino, Adrián del Boca y saqué cita con él. Cuando nos despedimos de mi doctor, Marcelo Barrionuevo, siendo argentino, me dijo, refiriéndose al ginecólogo obstetra: "El único problema que tiene es que es argentino". ¡Nos reímos! Aunque debo decir que estos dos doctores argentinos han sido como ángeles en mi vida, guiándome hacia mi milagro. Estaré eternamente agradecida con ambos.

Antes de presentarme en la cita con mi nuevo doctor, supe que ambos se habían comunicado para discutir mi caso. El doctor Barrionuevo quiso poner al día al doctor Del Boca y así asegurarse de que estaría en buenas manos. Luego de todo lo que habíamos vivido juntos, me imagino que no le era fácil delegar mi caso. Él sabía lo mucho que había luchado para tener a este bebé creciendo en mi panza, y le quiso hacer llegar ese mensaje al nuevo doctor para que prosiguiera con todas las precauciones necesarias para llegar a término y entregarme mi bebé.

Esa primera cita con el doctor Del Boca en realidad fue más como una entrevista. Iba preparada para conversar con él y ver si me sentía cómoda y me gustaba. No sólo quería estar en manos de un experto, quería estar en manos de alguien con quien sintiera que me podía comunicar bien. Llegué al consultorio, pasé a su oficina y salí de ahí totalmente enamorada de mi doctor. Realmente es una persona cálida, atenta y tiene una calma contagiosa. Escuchó pacientemente todo lo que tenía para decirle, todas mis preguntas, me respondió cada una sin apuro, nunca sentí que tuviera prisa para atenderme —ni en esa cita ni en las que siguieron—. Me sentí tan bien cuidada y atendida, que no me cabía duda alguna: este sería mi ginecólogo, el que me ayudaría a traer a este mundo a mi bebé.

En la siguiente cita que tuve con el doctor Del Boca, me preguntó si quería hacerme una amniocentesis —un análisis que se hace dentro del primer trimestre para detectar anomalías cromosómicas, como el síndrome de Down, o condiciones genéticas—. Pero yo respondí que no me interesaba, ya que recibiría a este bebé con amor sin importar cómo llegara a este mundo. Por otro lado, hacerse una amniocentesis puede poner en riesgo al bebé, existía una leve posibilidad de que pudiera perderlo. Después de haber luchado tanto para llegar a este momento, no quería tomar ningún riesgo, por más leve que fuera, no quería perder a mi milagro que ya empezaba a tomar forma. Entonces, el doctor me comentó que había otro examen que consistía en sólo un análisis de sangre, con el que me podría decir qué posibilidades había de que hubiera problemas con los cromosomas del bebé. Aparte, ese mismo examen me dejaría saber el sexo del bebé. Con un análisis de sangre no pondría en riesgo a mi bebé, y tendría la posibilidad de no sólo verificar si había o no problemas, sino que podría saber si iba a tener un niño o una niña. Ni lo dudamos, este sí lo haríamos.

Me hice el examen y luego me tocó viajar a Puerto Rico para una sesión de fotos de Garnier, donde tampoco sabían que estaba embarazada. Mientras, el único de mi núcleo familiar que seguía sin saber la noticia era mi papá. Había decidido decírselo el día que lo anunciara públicamente, ya que para ese entonces había aprendido mi lección con él. Papi todo lo decía, no se daba cuenta de que hay ciertas cosas que hay que mantener calladas por un tiempo. No es que le quisiera esconder lo que me estaba pasando, es que su cualidad tan bella de ser el hombre honesto que era también significaba que no podía confiar que callara alguna noticia privada mía ante los medios. En general, si alguien le preguntaba algo, fuera quien fuera, él le contestaba con la verdad. Por lo tanto, si no sabía la respuesta, no sufríamos el riesgo de que alguien de los medios se aprovechara de su honestidad. Al principio, cuando me di cuenta de que no me quedaría otra, que había ciertas noticias que no debía compartir con él hasta no estar segura de que podían ser públicas, pues creó algo de distanciamiento entre nosotros. Pero luego ambos nos adaptamos, y aunque le dijera algunas cosas con un poquito de retraso, igual las celebrábamos como si fueran la gran noticia del día. Así que, aunque estaría con él en Puerto Rico durante este viaje, igual callaría esta información hasta más adelante.

En ese viaje, al aterrizar en Puerto Rico, ni bien prendí el teléfono vi que el doctor me había escrito, que lo llamara cuando pudiese. Me agité un poco. Era inevitable, esas palabras me realzaron los nervios. ¿Qué habrá salido en el análisis? ¿Qué me querrá decir? ¿Este milagro también era sólo un sueño? Antes de que me invadieran más preguntas, le regresé la llamada. Cuando di con él, me contó que los resultados habían dado bien y que eran muy pocas las posibilidades de que el bebé tuviera algún defecto en sus cromosomas. Respiré aliviada. Luego me dijo que ya tenía el sexo del bebé y me preguntó si lo quería saber. Le contesté de inmediato un "sí" en voz baja, ya que todavía estaba sentada en el avión y tenía que mantener el control para no revelar mi secreto públicamente. Me volvió a preguntar:

—¿Estás segura?

—Sí, yo quiero saberlo —le respondí.

—Es una nena.

Las lágrimas saltaron de mis ojos y se escurrían por mis mejillas sonrientes. ¡Qué emoción; qué felicidad! ¡Iba a tener una nena!

Enseguida enganché con el doctor y marqué el número de Toni. Cuando contestó, yo ya era un mar de lágrimas, casi no podía hablar.

—¿Qué pasó? ¿Qué pasó? —me preguntó Toni preocupado. No entendía nada.

—E-e-es una nee-naaa —logré decirle, entre grandes sollozos que casi no me dejaban respirar.

—¿Qué? ¿que es nena? —me repitió, para asegurarse de que había escuchado bien.

—¡Sí! —le dije llorando.

Toni también se volvió loco de la emoción. ¡Íbamos a tener una nena! Aunque nos daba igual que fuera nena o nene, su primer pensamiento había sido que sería nena, y ahora le estaba confirmando que le había dado en el clavo con su predicción. No cabíamos dentro de nuestra felicidad. Más adelante, en cada ultrasonido que hicimos, le preguntábamos al doctor si estaba seguro, le pedía que nos mostrara, que no nos venga a salir después con que es un nene porque yo ya estaba por comprar miles de cosas para nuestra nena. ¡Qué alegría! Vivimos cada uno de esos momentos como grandes hitos inolvidables en nuestras vidas.

Al cumplir los tres meses y una semana, en la cita con el doctor Del Boca, me senté, lo miré directo a los ojos y le pregunté:

—¿Cuáles son las posibilidades reales de que el embarazo continúe bien después de haber pasado estos tres meses?

Me explicó que no había nada seguro, pero que al pasar los tres meses tenía el ochenta por ciento de probabilidades a mi favor de que todo saliera bien. Sentí deseos de que me repitiera esa frase una y otra vez. Finalmente me encontraba en un porcentaje alto, finalmente alguien me estaba diciendo que lo más probable era que todo saldría bien. Ese cinco por ciento que me había atormentado todos estos años ya había quedado en la historia. Es más, en ese instante me di cuenta de que en realidad tener un cinco por ciento de posibilidad de algo significa que realmente es posible. Soy prueba fehaciente de que ese número tan bajo, que puede ser causa de tanto tormento y desesperación, en realidad también sigue siendo una esperanza.

Habiendo conquistado ese cinco por ciento con la ayuda de Dios, había logrado convertir ese número, ese enemigo mortal, en un milagro. Le gané a las probabilidades en mi contra y ahora finalmente las tenía a favor. Mi doctor ni se podía llegar a imaginar lo que era para mí escuchar que ahora tenía el ochenta por ciento de mi lado. Ahora sí podía al fin respirar alivio y felicidad y abiertamente comenzar a celebrar. No lo podía creer. Salí de esa cita flotando en el aire, encantada con esa frase, con esa noticia, degustando cada segundo de ese mensaje positivo, permitiéndome sentir la ilusión verdadera de que en unos meses realmente habría una gran posibilidad de que tendría a mi bebé en brazos.

Aun flotando en la alegría de esta última noticia, necesitaba un tiempito más para procesar y realmente creerme esta noticia positiva, así que decidí mantener el secreto un rato más y concentrarme en lo más importante: Iba a tener a una hija.

7

Sobreviviendo el cáncer

Han pasado diez años —diez años enteros— desde que viví uno de los días más difíciles de comprender de mi vida, el día en que me diagnosticaron con cáncer de seno. Ahora puedo decir que lo sobreviví. Soy sobreviviente de cáncer y he tenido la bendición de poder continuar con mi vida disfrutando cada día al máximo, y hoy estoy más consciente que nunca de la bendición que significa esto porque he perdido seres queridos por esta enfermedad, primero y principal a mi mamá. La vi sufrir del linfoma no Hodgkin que atacó su cuerpo poco después de mi diagnóstico, pero al final, como buena luchadora que era, ganó esa batalla. Sin embargo, las defensas le quedaron tan bajas que quedó susceptible a otro cáncer que terminó por arrasar con su vida: la leucemia. Así que sé por experiencia que no es fácil experimentar esta enfermedad, como tampoco es fácil ver a alguien tan cercano morir de la misma. Sin embargo, lo que he decidido es continuar enfocándome en la vida, en la esperanza y en la fe.

Han sido años de muchísimo crecimiento y desarrollo, donde me siento más fuerte y feliz que nunca. Y quiero continuar transmitiendo esta energía positiva a todos los que padecen esta enfermedad, porque lo último que se debe perder es la esperanza y la fe. La lucha contra el cáncer es continua. Ahora que no lo padezco, mi deseo mayor es seguir siendo portavoz para ayudar a mantener a todos informados sobre esta enfermedad, brindándoles razones para sonreír cuando sienten que el mundo se les viene abajo. Yo sé lo que sienten.

La satisfacción más grande que tuve al publicar *Viviendo*, mi libro anterior, fue justamente poder comunicarme y relacionarme directamente con aquellos que padecieron la enfermedad, porque conozco la soledad que uno puede sentir aún con el amor y apoyo incondicional de familia y amigos. Siento una enorme felicidad cada vez que se me acerca algún sobreviviente de cáncer con sus familiares para contarme cómo, a través del libro, sus más allegados habían aprendido más sobre la enfermedad, y cómo el libro la ayudó a superar la misma. Muchas me han expresado que les fue de un gran apoyo y una luz de esperanza dentro de esa solitaria oscuridad en la que se sume uno a veces dentro de esta enfermedad. Otras me han dicho que les sirvió como una guía para comprender lo que les estaba por pasar al estar recientemente diagnosticadas.

Todos estos comentarios fueron increíblemente gratificantes. ¡Qué mejor recompensa al abrirme y sentirme vulnerable con todo lo que exponía que poder ayudar a que otras personas se sientan acompañadas en uno de los momentos más difíciles de sus vidas! Es más, todavía sigo recibiendo mensajes similares de la gente. Muchos me siguen haciendo preguntas, queriendo informarse más sobre el tema. Me dicen que leyeron el libro y que ahora tienen a alguien que está pasando por algo similar y se lo van a regalar. Pero aún más importante, me dicen que les ayudó a no tenerle tanto miedo a la enfermedad, a darse cuenta de lo importante que es la detección temprana, les dio el empujoncito que necesitaban para hacerse los exámenes necesarios para detectar esta enfermedad a tiempo. Al hacerlo así, si se les descubre algo, las probabilidades de sobrevivirlo son mayores que cuando ya es un cáncer muy avanzado.

Yo lo superé, espero no tener que vivirlo nunca más, pero es algo con lo que tendré que convivir el resto de mi vida. Por eso mismo, sigo visitando a mi doctora cada seis meses para hacerme los chequeos necesarios, y cada revisión es un recordatorio más claro que el agua de lo que pasé y lo importante que es seguir vigilando mi cuerpo y mi salud para seguir viviendo. A esta altura, en realidad se supone que podría ir a revisarme una vez por año, pero prefiero hacerlo dos veces por año, como precaución, porque una vez que has sido diagnosticada con esta enfermedad, la has sufrido y la has logrado superar, pues lo último que quieres es dejarte estar para que vuelva a acaparar tu vida.

Justamente por eso también sigo haciendo campañas contra el cáncer para continuar informando a la gente. Hace poco hice una de mitos y realidades de la quimioterapia para una compañía, hablando sobre mi experiencia como sobreviviente de cáncer y apoyando el libro de la sobreviviente Hollye Jacobs, *Rayo de esperanza*. Siempre voy a estar activa en este tipo de presentaciones porque se trata de algo que me pasó, algo con lo que vivo todos los días, algo que está latente en mi cuerpo y que vigilo constantemente para que no regrese, porque la realidad es que una vez que tienes cáncer hay probabilidades más altas de que vuelva a surgir en tu cuerpo.

Muchos de nosotros hemos pensado que no es algo que nos vaya afectar —yo ni me lo hubiese imaginado— pero pasa, y cada vez más, sea a nivel personal o con algún ser querido. Para mí es importante poder seguir siendo una de las voces de alerta, para brindar toda la información posible, información que también me ayuda a mí, no sólo para ayudar a amigos que se ven afectados, sino para mantenerme actualizada y seguir pendiente de lo que puede significar cualquier cambio de mi cuerpo en cuanto a esta enfermedad.

Por ejemplo, cuando fui a al chequeo que me tocaba con mi doctora antes de dar a luz, no me revisó los marcadores tumorales. Esos marcadores son indicio de que vamos por buen camino o pueden anunciar la presencia de algún agente cancerígeno en el cuerpo, por lo que es parte clave de la revisión que me hago cada seis meses. Sin embargo, esta vez me explicó que no me los haría porque, al estar embarazada, los niveles podrían salir diferentes y no era necesario pasar por esa alarma y el miedo que puede causar justo antes de dar a luz. Pero en mi siguiente revisión sí lo haríamos.

A FIN DE 2012, mientras entraba en mi duelo por el fallecimiento de mi mamá, también falleció alguien muy importante para el público. Es más, fue a la semana exacta de la muerte de mi mamá que me tocó anunciar en el show la muerte de Jenni Rivera. Tuve que hacer lo posible para mantenerme tranquila y no dejar que mis propias emociones me hicieran romper en llanto en la tele en vivo al hacer esa nota porque podía sentir el dolor de aquella familia en carne propia, porque yo también estaba sufriendo algo similar. Desafortunadamente, poco más de dos años después, luego de otra pérdida triste en mi vida, el fallecimiento de mi papá, a la semana exacta me tocó anunciar la muerte de Lorena Rojas. Otra vez me surgieron miles de emociones al tener que hacer tal anuncio tan cerca de la muerte de mi propio padre, pero en esta ocasión, este nuevo fallecimiento también me afectó en lo personal porque era una amiga, una compañera, una sobreviviente de cáncer a quién le volvió la enfermedad y en aquella segunda ocasión no la pudo vencer.

Fue un golpe muy duro, de esas cosas que uno no se espera y que desearía que jamás pasaran. Encima, no podía evitar pensar que esa podría haber sido yo, que un día me podría pasar a mí también. Teníamos la misma edad, compartimos muchas cosas juntas, realmente fue un gran shock. Recuerdo las bellas palabras que tuvo Lorena al hablar de mí en relación a su cáncer en un evento y sonrío porque al menos tuvimos la oportunidad de conocernos y apoyarnos y querernos.

Adamari fue una de las primeras personas que se acercó a mí para brindarme su apoyo, ayudarme en los primeros pasos, buscar un doctor, no sentirme perdida y sola en este camino. Ella fue la primera que me dijo: "Lorena, ven que yo te abrazo. Llora conmigo". Y ya han pasado cinco años y sigue presente.

Antes de dar a luz, como dos semanitas antes, con la muerte de Lorena todavía muy fresca, fui a ver a mi doctora y me encontré con una amiga en la sala de espera. Me contó que había ido a revisarse porque al fallecer Lorena, entró en pánico y sintió la expresa necesidad de tomar todas las medidas a su alcance para que no le pasara a ella lo mismo. No comprendía cómo podía ser que Lorena hubiera fallecido tan de golpe, cuando ni se sabía que estaba tan malita. Realmente le había agarrado una especie de ataque de pánico por la situación. Entonces la calmé un poco, explicándole que seguramente Lorena llevaba más rato enferma de lo que sabía la mayoría de la gente, ya que cuando uno pasa por eso, siendo figura pública, en general, lo último que uno quiere es que todos sepan la gravedad del asunto. Es un momento extremadamente privado. Creo que esas palabras la ayudaron a calmar sus ansias, pero igual me pareció bien que se revisara. Todo lo que te impulse a cuidar tu cuerpo y tomar las precauciones necesarias es bienvenido. A veces se requiere un shock así de grande para lograrlo.

Recuerdo que en el caso de Lorena, luego de descubrir su cáncer, su doctora también le había recomendado no tener un hijo propio porque su cáncer también, como el mío, se alimentaba de estrógeno y progesterona, y eso podría poner en peligro su salud. Ella sí tomó ese consejo y al final decidió adoptar a su niña hermosa. A mí me recomendaron lo mismo, pero mi decisión fue otra. Cada cual toma las decisiones que le convienen y cada uno elige su trayectoria. Lo importante es estar informado.

No todos los cánceres son iguales, y los cuerpos tampoco lo son, pero cuando falleció Lorena, junto a la tristeza de perder a alguien querido, no pude evitar pensar que yo sigo vulnerable en cuanto a esta enfermedad, y será una nubecita que me acompañará por el resto de mis días. Esa puedo ser yo. Yo puedo ser ella. Ese pensamiento es inevitable en un momento como ese, y crea una montaña rusa de emociones. Ese destino llegó su fin, mientras el mío seguía adelante. Entretanto, tenía a mi barrigota y la gran esperanza de la llegada de mi niña. Fue una montaña rusa de emociones, todas atropellándome al tiempo.

Mi deseo es continuar hablándole a la gente a través de campañas, eventos, libros, lo que esté a mi alcance para seguir compartiendo vivencias e información. Esto no es tarea de un solo año o una sola ocasión porque constantemente surgen nuevos tratamientos, nuevas preguntas, nuevos pacientes, ahora hasta algunos más jóvenes de lo esperado, como con el cáncer de colon, por lo que seguir compartiendo esta información con toda la gente posible para mí es increíblemente esencial.

Nosotros, como latinos, todavía tenemos tantos miedos y pudor con respecto a ciertas cosas, como exámenes médicos completos o una mujer palpándose los senos en la ducha para asegurarse de que no tiene nada, cualquier cosa que nos exponga demasiado nos da vergüenza. Hasta en una relación de pareja hay cosas que como mujeres hemos sido educadas a pensar que no debemos hacer frente a nuestros maridos o novios, pero cuando de la salud se trata, no hay pudor que valga. Todavía nos quedan algunas de esas idiosincrasias en cómo fuimos criados nosotros los hispanos y hay que reconocer que cuando tienes la necesidad de ver a un doctor, esa intimidad que compartes con tu médico es natural y necesaria en ese momento, no tiene que ver con tu forma de pensar ni tus valores ni tus raíces, es una cuestión de salud, y punto.

Vivir como sobreviviente de cáncer es vivir una realidad que no se puede borrar ni quitar, es una verdad que seguirá conmigo el resto de mi vida, y está en cada uno de nosotros elegir llevar los años de vida que nos toquen de la mejor manera posible. Puedo elegir el camino de la angustia, viviendo con miedo de que en cualquier momento me puede volver a atacar esta enfermedad, o puedo elegir un camino más tranquilo y pacífico, en el que acepto que es una realidad con la que debo convivir, pero no tiene que reinar en mi mundo.

8

Nunca me sentí tan feliz de tener tanta panza

La *panza seguía* creciendo y cada día se hacía más difícil ocultarla. Para hacer pública la noticia, habíamos querido esperar hasta estar lo más seguros posibles de que realmente el embarazo se iba a dar bien. Pero ahora ya teníamos el ochenta por ciento de probabilidades a nuestro favor, estaba entrando en el segundo trimestre de mi embarazo, así que había llegado la hora de compartir la gran noticia con todos.

Sumado a mi creciente y delatadora panza estaba también un viaje que habíamos planeado a España en octubre para ir al casamiento de un amigo de Toni. Lo que nos tenía aún más entusiasmados es que lo habíamos vuelto una gran vacación en la que también iría prácticamente toda mi familia (mi hermana Adaline con su esposo y dos hijos, mi sobrina Adilmarie, mi hermano Adalberto... los únicos que faltaron fueron Papi, Adilsa y mi sobrina Antonella), así como nuestra amiga Laura. Esta vez el destino sería

Madrid. Fue un viaje lindísimo porque nos dio la oportunidad de estar con ambas familias celebrando el embarazo.

Yo sabía que en aquel viaje, además de celebrar y gozar, estaríamos comprando muchísima ropita para la niña que venía en camino, por eso también me parecía importante hacer el anuncio antes de viajar, así no nos tendríamos que preocupar de ser vistos y que empezaran a correr los rumores. Yo ahora lo que más quería era gozar abiertamente este milagro de Dios.

Le pedí a Omar Cruz que me tomara unas fotos junto a Toni para darle la noticia al público. Claro, para hacer esto, mis queridos fotógrafo, peluquero y maquillista fueron de los primeros en enterarse de mi embarazo, fuera de mi familia. Fue el comienzo de un sinfín de celebraciones. Elegí la ropa que me quería poner y la llevé a la sesión de fotos, junto con algunas sugerencias de Omar y otras de mi sobrina Adilmarie, que la mayoría de las veces es mi estilista. Gocé inmensamente de aquella sesión, mostrando mi barriga que ya comenzaba a notarse. Miramos el producto final y elegimos la que más representaba el amor y la ternura que nos inspiraba a Toni y a mí este momento tan especial en nuestras vidas. Esta sería la foto que publicaríamos con el comunicado de prensa en los medios y las redes sociales.

Al tener la foto, me senté a escribir lo que quería poner en el comunicado. Me pareció que el mejor lugar para compartir la primicia públicamente era en vivo en *Un nuevo día*, por lo que le pedí ayuda a uno de los productores del show para armar un videíto. La idea que llevamos a cabo fue un montaje de clips e imágenes de mi vida con mi voz en off leyendo el comunicado que había escrito.

Todavía me emociono al verlo. Lo abrimos con clips de mi carrera: en el programa, presentando mi libro, en una sesión de fotos. Continuamos con el momento en que Toni y yo nos comprometimos seguido por una imagen de mi cabecita pelada por el tratamiento de quimioterapia, una foto con mi mamá, otra del compromiso, más de mi carrera, hasta que, mientras mi voz anuncia el embarazo, aparece la foto tomada por Omar Cruz en la que Toni me abraza por atrás mientras nuestras manos entrelazadas se apoyan sobre mi barriga descubierta y notablemente embarazada. Lo cerramos con imágenes de algunos sonogramas y el ultrasonido donde se nos ve a Toni y a mí mirando a nuestra bebé en la pantalla y escuchando sus latidos de corazón por primera vez, los latidos de un milagro que ahora yacía dentro de mí y finalmente podía celebrar abiertamente. Quedó tan bonito que no veía la hora de poder compartirlo, pero primero debía darle la noticia a mi papá.

El 19 de septiembre de 2014, cuando recibí la llamada de Papi a las 4:30 de la mañana, al fin le pude decir que tenía una nieta en camino. Se alegró muchísimo porque sabía todo lo que había luchado y sufrido para que me llegara este momento y ahora mi sueño se estaba haciendo realidad. No le había dicho nada antes por miedo a que se le escapara en los medios, pero ahora que sí podía hablarlo abiertamente, no lo hizo. Me dio risa enterarme de que luego del anuncio público que di por la tele, se le acercó un periodista, diciéndole: "Don Luis, su hija está embarazada". Y en vez de confirmar esto, como lo hubiera hecho en miles de ocasiones anteriores, esta vez lo miró y le contestó: "Ah, yo no sé". Pasaron años, pero parecía que finalmente había aprendido, tan bello, mi papi.

Después de darle la noticia, me preparé para ir al trabajo. Estaba algo nerviosa. Realmente no podía creer que había llegado este momento en mi vida. ¡Qué felicidad! El plan era que la sorpresa la presentaría yo, frente a las cámaras, ya que ni siquiera mis compañeros sabían que estaba embarazada. Y así fue, por lo que todas las reacciones que se vieron en la tele fueron totalmente espontáneas y genuinas cuando ese día al fin pude anunciar públicamente por primera vez que estaba embarazada.

Comencé diciéndoles a mis compañeros, en vivo y frente a las cámaras, que me habían indicado que tenía que dar una sorpresa, me ubiqué frente a un rinconcito del sofá en el set, enfocaron la cámara en mi rostro y comenzaron a rodar el video mientras también rodaron las lágrimas por mis mejillas sonrientes. Esto fue lo que escribí y dije en el clip:

Compartir muchos momentos con el público en mi vida ha sido parte de mi desarrollo artístico en los últimos treinta y seis años. Ustedes me han visto crecer profesionalmente y pasar lindos y duros momentos de mi vida personal. Hoy es un día en el que quiero compartir con todos la felicidad que me ha regalado la vida. He pedido tanto a Dios por la bendición de ser madre, y como el tiempo de Dios es perfecto, quiero dejarles saber que esa bendición me ha llegado, y estoy embarazada. Toni y yo estamos muy felices y queremos agradecerles sus buenos deseos. Esta es sin duda la bendición y el anhelo más grande que ha llegado a mi vida. Gracias a todos por sus oraciones, por pedir por que mi sueño se haga realidad. Aún queda camino por recorrer y espero me acompañen nuevamente con sus oraciones para poder presentarles en unos meses a nuestro bebé, un regalito de Dios.

Al decir "estoy embarazada", se me acercaron mis compañeros de trabajo para darme grandes abrazos, mientras las lágrimas seguían escurriéndose por mis mejillas. Cuando el video llegó a su fin, todos en el estudio frente y fuera de cámara explotaron en un gran aplauso que me llegó directo al corazón, celebrando conmigo lo que alguna vez parecía un sueño lejano. Luego dije: "Ustedes no saben todo lo que he tenido que disimular para poder ocultar la panza en este tiempo que tengo!". Desde ese momento en adelante, conté con una cantidad de amor, apoyo y cariño de mis compañeros de trabajo con la que me siento totalmente bendecida. Y ni hablar del público. Siempre quedo sorprendida en momentos como esos porque el cariño que recibo de todos es en general muchísimo más de lo que espero, y se siente maravilloso.

Ahí mismito en el show, poco menos de dos meses más tarde, di la primicia del sexo de mi bebé tan deseado. En realidad, yo ya sabía hacía tiempo, que era una niña pero quise guardarme esta noticia para celebrarla tranquila primero con mis más allegados, ya que son momentos verdaderamente únicos en la vida. También ese tiempito extra nos dio el espacio que necesitábamos para pensar en nombres. La idea principal era continuar mi tradición familiar y ponerle un nombre que empezara con la letra "A". Esto es algo que comenzaron mis papás al darnos a todos nombres que comienzan con "A" Adilsa, Adaline, Adalberto y Adamari. Luego mis hermanas continuaron la tradición al nombrar a sus hijos Alejandro, Adilmarie y Antonella. Después llegaron los hijos de Adilmarie, mis bellos y amadísimos ahijados y sobrinos nietos, Azul y Akon. Y ahora, por fin, me tocaba a mí. Encima, el nombre de Toni, Antonio, también comienza con "A", así que funcionaba de maravilla dentro de esta familia que estábamos en proceso de formar.

Así fue que comenzamos a pensar en posibilidades. A mí me gustaba Aitana, Atibet, es más, cuando escogimos el que sería, yo quería ponerle Atibet como segundo nombre, pero a Toni le sonaba demasiado parecido a Tíbet. No le gustaba, así que al final lo descartamos. Además, poner un segundo nombre con la letra A podía llevar a que la gente escribiera mal el apellido de la niña y en vez de poner Costa, podrían equivocarse y poner Acosta. Esto lo consideramos mucho porque Toni se llama Antonio Costa, y así y todo, muchas veces le ponen Acosta como apellido o Costas. En fin, queríamos evitarle a nuestra bebé toda esa confusión en su vida. Otro factor que nos era bien importante era encontrarle un nombre que tuviera algún significado relevante.

Así fue que llegamos a Alaïa, un nombre vasco que significa "guerrera", "hija de Dios". Esa descripción nos llegó al alma y nos pareció hecho a medida, ya que esta pequeña, sin siquiera haber nacido, ya era toda una guerrera al haber llegado a nuestras vidas tan inesperadamente, batallando contra ese noventa y cinco por ciento de probabilidades de que yo no podría tener hijos y venciéndolo. Luego le tocó luchar contra aquel hematoma intrauterino y también salió ganando. Siguió guerreando contra algunos contratiempos al final del embarazo, pero nuestra hija de Dios los venció todos, transformándose en nuestro gran milagro, el mejor regalo de nuestras vidas.

· · ·

TODO LO QUE conllevó llegar a este momento glorioso de embarazo fue por momentos extenuante, no sólo a nivel emocional sino a nivel físico. La verdad es que el tema de la imagen siendo una figura pública en muchas ocasiones es una presión porque esa imagen por lo general se espera que sea representada por un cuerpo delgado y punto. El estereotipo que se ha promulgado y que ahora es lo que espera el público es que las mujeres que salimos en televisión debemos ser delgadas, bonitas, nos debemos vestir de cierta manera y debemos cumplir con un cierto estereotipo estético que se ha promulgado como la guía para "estar bella". Eso se puede lograr cuando uno está bien, pero cuando la vida te lanza obstáculos inesperados en tu camino y estás pasando por momentos difíciles y muy personales que se reflejan físicamente, pues toda esta presión para verse bien se siente como una tonelada de ladrillos imposible de cargar.

Así fue como me sentí yo cuando me tocó pasar por mis tratamientos de fertilidad. No es algo para compartir en público, es algo muy fuerte y personal, pero desafortunadamente todas esas hormonas inyectadas afectan el aspecto físico. Como muchas mujeres que pasan por este tratamiento, yo me hinché bastante. Era notable, pero no había mucho que yo pudiera hacer, y menos que menos explicarlo en público. Siendo un momento tan difícil a nivel emocional, y encima teniendo los sentimientos a flor de piel por las hormonas mismas, pues lidiar con los comentarios del público no es fácil.

Cada dos por tres salía alguien diciendo, "¡Qué gorda que está Adamari!". Hasta se me acercaba la gente a preguntarme por qué había engordado tanto. Ya sé, son gajes del oficio. A veces se hace prácticamente imposible que la vida privada de uno no se traspase a la vida pública. Cuando sólo se trata de cuestiones emocionales, puedo continuar sonriéndole a la cámara, haciéndome la que estoy feliz aunque la angustia me esté carcomiendo por dentro, todo para mantener en privado lo que está ocurriendo en mi vida personal. Pero en este caso, me afectó de la misma manera que unos años atrás cuando hice mi primer proceso de fertilidad. Ahora no podía distraer al público de la misma forma porque se había vuelto algo físico también, algo que no podía disimular con una sonrisa. Lo único que me ayudó fue mantenerme enfocada en lo que estaba buscando, en el sueño más importante de mi vida, y recordar que en su momento estaba sacrificando mi aspecto físico para encontrar mi milagro.

Ya tenía suficiente con lo que me estaba ocurriendo emocionalmente como para estar pendiente de lo que decían de mí, pero soy humana, y claro que me afectaba. Es bien fácil sentarte frente a una computadora, ver una foto y escribir un comentario hiriente, mucho más fácil que tomarte el tiempo para ponerte en los zapatos de esa persona, de ese ser humano, y pensar que probablemente no esté pasando por un buen momento. Pero así son las cosas hoy día, y la realidad es que yo no soy una monedita de oro que le cae bien a todo el mundo, ni pretendo, ni lo debo ser. Somos todos seres humanos, y como tal, cometo errores, engordo, adelgazo, hay días que hago las cosas bien y otros que me equivoco. Uno aprende mucho cómo manejar todo esto a lo largo de este tipo de carrera. Mi método para lidiar con toda esta parte de mi carrera, aparte de enfocarme en la razón por la que estaría más gordita, es tratar de enfocarme y quedarme con todos los buenos comentarios de la gente, que por suerte también existen en abundancia, y mandarle muchas bendiciones a los que hacen comentarios que a lo mejor son desafortunados en un momento dado para uno.

Sin embargo, en aquella instancia, lo que más me impactaba no eran los comentarios del público, sino verme en el espejo porque en el reflejo se hace difícil reconocerse. Era claro que estaba hinchada y yo misma pensaba: "Pero sí que me veo grande". No es fácil aceptar estos cambios corporales, pueden crear muchas inseguridades. Por otro lado, recuerdo que quería enfocarme en comer mejor para mejorar mis posibilidades de quedar embarazada, pero la gran cantidad de hormonas rondando mi cuerpo me daban aún más hambre de lo normal, y lo que quería en realidad era comer todo lo que no debía. En fin, es tanto más complejo todo aquel proceso que la cabeza la tienes a millón. Sin embargo, ahí es donde intentaba frenar todos estos pensamientos y me decía: "O sigo buscando mi bebé o me dejo de poner inyecciones para volver a tener mi figura de antes". La respuesta era más clara que el agua. Yo quería tener un hijo. Eso lo justificaba todo.

Lo gracioso para mí fue que la transformación corporal que luego me tocó pasar con el embarazo fue una experiencia completamente diferente. Sé que a cada mujer la afecta de distintas formas, y tampoco es fácil ver y vivir tantos cambios. Es más, yo pensé que me iba a poner como una bolita redonda, ya que en mi familia tendemos a engordar, pero al final no aumenté tanto, era pura barriga. Y ver crecer esa barriga fue tan pero tan emocionante. Después de todo lo que había luchado para conseguir este momento, creo que nunca me sentí tan feliz de tener tanta panza. Encima, como no tuve malestares durante el embarazo, me sentí tan bien durante todo el trayecto, que lo disfruté inmensamente.

Durante todo mi embarazo me sentí linda, guapa, cómoda. Me encantaba mi panza, fue motivo de tanta alegría. Cada vez que me iba a bañar, lo que más me gustaba hacer era pararme frente al espejo y mirarme la panza, maravillada por finalmente estar experimentando este momento glorioso. Lo que pasa es que antes de que llegara esta bendición, hubo un sinfín de veces en los que me había parado frente a ese mismo espejo soñando con cómo me vería con la panza, imaginándome embarazada, sacando la barriga para tener un vistazo o una sensación de cómo sería, deseándolo con todo mi corazón. Y ahora finalmente era una realidad, era tangible, no tenía que sacar la panza, la panza existía porque había un bebé dentro de mí, el sueño se me estaba cumpliendo.

Gocé muchísimo mi panza creciente, pero también hice lo que pude para continuar haciendo ejercicio y alimentándome saludablemente. Al comienzo de mi embarazo, como era uno de alto riesgo, mi médico me pidió que dejara de hacer todo tipo de ejercicio. Esos primeros tres meses fueron de tranquilidad y todo el reposo posible para asegurarnos de que la bebé pudiera seguir su curso dentro de mi barriga. Es más, antes de enterarme de mi embarazo, estaba haciendo Bikram yoga, un tipo de yoga donde ejercitas en una sala con la temperatura a 110 grados Fahrenheit. Me encantaba, iba casi todos los días con un grupito de amigos con los que me juntaba justamente para eso. Son unos amigos que quiero mucho, y armamos este grupo para apoyarnos a nivel salud. Íbamos también a clases de Zumba, pero en ese momento previo a mi embarazo estábamos yendo mucho a yoga.

El yoga me gusta porque meditas, te concentras un poco en ti, en tu respiración, en controlar tus miedos, tu mente, tu cuerpo, que lleva a poder entender y apreciar cada instante aún cuando estos son difíciles. Es más, en los momentos más duros es cuando mejor vienen las técnicas que uno aprende al hacer yoga, porque te ayudan a respirar y no dejar que los pensamientos negativos ataquen tu mente sin cesar. Esto es clave porque esos pensamientos negativos se transmiten a tu cuerpo y, a la larga, puedes comenzar a sentir dolencias físicas. Además de todo el tema espiritual, me encanta porque es un buen ejercicio. La gente suda, puedes perder peso, ya que a través de las posturas que se hacen se trabaja mucho el cuerpo. Había hecho yoga antes, pero en esta ocasión me conecté más profundamente, ya que también es una práctica conectada a la fe. Yo creo mucho en Dios, por ende todo lo que me lleve a sentir esa espiritualidad en mi vida es bienvenido. El yoga me ayudó a trabajar esos mieditos que nos surgen a todos por dentro antes de que se volvieran incontrolables. Trato de agarrar lo mejor de cada experiencia y cada enseñanza a mi disposición y aplicarla a mi vida, siempre de la mano de Dios, y así crecer espiritualmente de todas las formas posibles.

El yoga definitivamente fue uno recurso clave a nivel emocional, y también a nivel físico, más allá del ejercicio. Me fue de gran utilidad cuando entré en parto. Como andaba ocupada con el trabajo y miles de cosas por cumplir en mi agenda, nunca llegué a las clases de parto. Sin embargo, cuando le comenté esto a la enfermera en el hospital, le dije que había tomado muchas clases de yoga, y ella me dijo que con eso era suficiente porque ese estilo de respiración era lo que me ayudaría cuando diera a luz.

Pues ese ejercicio que tanto me gustaba me lo prohibieron al principio porque tenía el hematoma intrauterino y un embarazo de alto riesgo. Cuando superamos aquellos primeros tres meses, y el hematoma se había disuelto, entonces lo que me recomendó el doctor es que caminara y nadara. Yo no soy gran nadadora, pero siguiendo sus consejos me compré una tablita y bajaba a la piscina y, subida a la tablita y dándole a los pies, trataba de cruzar la piscina la mayor cantidad de veces posible. Después colocaba la tabla entre las piernas para así ejercitar los brazos. También salía al parque en frente de la casa a caminar, no paseando, sino con la intención de aumentar el ritmo cardíaco. Mi meta era mantenerme saludable porque sabía que eso le haría bien a mi bebé.

Como es bien sabido, uno no sólo se mantiene saludable con ejercicio sino con cómo se alimenta así que, determinada a hacer lo mejor para mi niña en camino, decidí también cambiar mi dieta. En realidad, más que cambiarla fue expandirla. Comencé a incluir alimentos más saludables y los hacía una prioridad en mis platos de comida. Por ejemplo, antes no comía lentejas ni garbanzos ni espárragos ni brócoli, ahora sí. Eran cosas que si me las ponían en frente, no las elegía. Entre un arroz y unas verduras, pues mi elección siempre era arroz. Son hábitos que no son fáciles de modificar, en mi caso porque eran de toda la vida. Lo que más me sirvió no fue prohibirme mi preciado arroz, sino agregar alimentos saludables y cambiar mi forma de comer. Al agregar más verduras a mi dieta, lo que hacía era servir estas primero en mi plato y me las comía toditas. Luego me servía el arroz. Claro, para cuando iba a comer el arroz, ya estaba bastante llena, por lo que inevitablemente comía menos arroz de lo que hubiese comido si me lo hubiera servido primero. Es más, por lo general me sentía tan llena tan rápido que comer mucho no era ni siquiera una opción, por eso me funcionaba tan bien este método.

Otra cosa que hice fue cortar los refrescos por completo, cosa que para mí fue un gran sacrificio porque me encantan. Esto en realidad lo hice bastante tiempo antes de quedar embarazada. Lo comencé cuando decidí someterme al tratamiento de fertilidad. Me gustaba tanto, que no sólo lo hice porque era saludable, sino porque quería hacer algún sacrificio en mi vida para mostrar lo mucho que deseaba lograr este sueño. Así que pasé casi dos años sin beber ni una gota de refresco.

Por suerte, lo que también me ayudó mucho durante mi embarazo es que no soy muy dulcera y no tuve antojos, excepto el tomate con mozzarella y prosciutto del principio. Eso sin duda fue un factor importante para mantener un peso saludable durante aquellos nueve meses. Bueno, en realidad sí tuve otro antojo durante el embarazo, que se podría decir fue muy beneficioso para el padre también. Como dice Toni, estaba muy activa. Tuve mucho deseo de tener relaciones, hasta llegando al último día antes del parto. A Toni le daba cosita, pensando que quizá molestaría a la bebita, pero nos informamos bien con nuestro médico, y no había razón por la que no pudiéramos satisfacer este deseo, con la excepción de cuando tuve el hematoma intrauterino, y luego por otro problemita que se asomó más adelante. Del resto, gozamos y nos vino de maravilla como pareja.

Así fue que llevé a cabo un embarazo de lo más saludable posible, siguiendo los consejos de mi médico, haciendo los ejercicios permitidos y comiendo sano. Sabía que era esencial que mi cuerpo y mi bebé se nutrieran de la mejor manera posible. Ya no era sólo para mí la cosa, tenía un ser humano creciendo dentro de mí que dependía cien por ciento de lo que yo me metía en el cuerpo. Al final no hice ninguna dieta específica, sino que me basé en listas que me dieron diferentes personas, tanto mi médico, como mis amigas Karla Monroig y Angélica Vale. Mis amigas del medio las mamás que conozco, mis hermanas, mi suegra, la señora que me ayuda en mi casa, todas tenían buenas sugerencias, muchas de las cuales coincidían entre sí. Así que apliqué muchos de sus consejos, siempre asegurándome de hablarlo con mi doctor, para llevar mi embarazo de la manera más saludable posible, para brindarle a mi hijita un ambiente cómodo y sano en el cual desarrollarse.

Mis amigas y mi familia no eran las únicas en compartir consejos. También recibí infinidad de muestras de cariño y preocupación por parte del público. Me acuerdo de que muchísima gente se angustiaba un montón al verme usar zapatos con tacón en *Un nuevo día* durante mi embarazo. Me suplicaban que los dejara de usar. Sufrían por mí. Me lo dijeron tanto que lo consulté con mi doctor. ¿Es verdad que uno no debe usar tacones? Y me explicó que, en realidad, el problema con los tacones es que hay más probabilidades de que te caigas y una caída en un embarazo es lo último que quieres porque te puedes dar un golpe en la panza, se te puede desprender la placenta y puedes lastimar al bebé. El problema se encuentra en la consecuencia que puede tener una caída por usar tacón; sin embargo, de igual manera te puedes resbalar usando unas chancletas. Simplemente era cuestión de tener cuidado y precaución mientras estuviese usando zapatos de tacón. Siempre procuré usarlos sólo cuando estaba filmando el programa o si me tocaba ir a alguna actividad promocional. Pero por lo general, fuera de las horas del show al aire, usaba zapatos bajitos.

Como ese me llovieron miles de otros consejos, que yo siempre corroboraba con mi doctor. Por ejemplo, algunos me decían que no cruzara las piernas porque le faltaría oxígeno al bebé (mito), otros preguntaban si estaba bien darse masajes al estar embarazada (sí, pero con cuidado, con un profesional que se dedica a masajes prenatales, nunca boca abajo y evitando masajear la barriga). En fin, hay muchos mitos y realidades en cuanto al embarazo, esas cosas que decían nuestros abuelos o bisabuelos pero que no necesariamente son lo correcto. Por eso es recomendable siempre consultar con el doctor ante cualquier duda. Cuando podía, intentaba responder a estos consejos en las redes sociales, comenzando con la frase, "Según mi médico", porque tampoco pretendía cambiar la idea a alguien que la tiene aferrada desde hace muchos años. Pero, ante todo, cada uno de estos consejos los tomé como muestras de cariño inmensas. Me hicieron sentir acompañada y apoyada, y como siempre, me dejaron sorprendida y feliz.

Es más, basamos todo un segmento especial en *Un nuevo día* alrededor de mi embarazo, llamado "Aprendiendo a ser mamá". Realmente me vino como anillo al dedo, ya que este era mi primer embarazo, yo no tenía hijos, así que todo era nuevo para mí y me quedaba muchísimo por aprender antes de que llegara mi bebé. Había un sinfín de temas que me interesaba desarrollar y compartir en el show con todas las demás mujeres que, como yo, estaban por convertirse en madres primerizas. En las reuniones de producción mencionaba las preguntas que tenía con respecto a ser madre, o estar embarazada, cosas de las que no tenía idea y sabía que debía aprender. Entonces me asignaban un productor, y salíamos en busca de un doctor para entrevistar en el programa y aclarar estas dudas, o de profesionales que nos pudieran dar buenos consejos para las diferentes actividades que había por delante.

Con "Aprendiendo a ser mamá" realmente aprendí de todo y me sirvió muchísimo dentro de mi propio embarazo. Por ejemplo, hacia el final fue en el show que aprendí técnicas de respiración para el parto y cómo es la manera correcta de pujar. Creo que no sólo fue invaluable para mí, sino que mucha gente no tiene el tiempo o el dinero para ir a una clase a aprender estas técnicas, pero son cosas que uno debe saber al entrar en parto.

Otros temas que abordamos en ese segmento fueron cómo organizar un baby shower, qué ejercicio hacer cuando estás embarazada, la mejor posición para dormir, cómo usar las almohadas como soporte entre las piernas y debajo de la barriga —cosa que adopté enseguida y me ayudó un montón, aunque Toni se quejaba de la cantidad de almohadas sobre la cama—. Hasta abordamos el tema de cómo se prepara y dónde se guardan las células madre que salen del cordón umbilical. Esto último lo descubrí en unos panfletos que encontré en la consulta de mi doctor y el lugar donde me hacían el ultrasonido. Eran de diferentes entidades que proveen el servicio. Cada quien tiene que hacer su propia investigación para ver cuál de todas las compañías resulta mejor dentro de cada presupuesto y basado en las necesidades personales.

Es más, con cada recomendación, siempre procurábamos recordarle a las personas que ellas tienen una relación directa con sus doctores y deben consultar con estos antes de adoptar cualquier medida recomendada en el programa. ¿Por qué? Pues porque tu médico es el que sabe tu historial, cuáles son tus condiciones, cómo se está desarrollando tu embarazo dentro de tu cuerpo tan único. Son todos factores que se deben tener en cuenta antes de seguir el consejo de un programa, una revista o una persona. Lo que nosotros brindamos en el show es una guía, es como si fuese un libro, pero tú luego tienes que ir a tu médico, mostrarle lo que aprendiste y ver si él o ella te aconseja que esa guía es la correcta para ti. Son temas realmente fascinantes e increíblemente útiles.

La verdad es que haber pasado mi embarazo en este trabajo fue una gran bendición. No sólo fue entretenido e informativo, también recibí una infinidad de muestras de cariño a través del programa, cosa que aprecio y valoro muchísimo. Sé que la experiencia de mi embarazo hubiese sido muy diferente si hubiera estado filmando una novela. En ese caso, tendría que haber ocultado que estaba embarazada, pero aquí no. Al contrario, cada semana de embarazo fue celebrada y pude ser yo, sin esconder nada de nada. La verdad es que fue el momento ideal para mi embarazo porque este trabajo me permitió disfrutar de cada segundo del proceso abiertamente, compartiéndolo con todo el mundo. Cuando me sentía ágil, me ponía a bailar, brincar y disfrutar del programa, siempre con cuidado, y los días que no podían porque me sentía muy pesada, pues no lo hacía. Simplemente respetaba lo que me pedían el cuerpo y mi bebé día a día.

Al final, cuando estaba más pesada, mi agobio comenzó a aumentar. Tumbarme en la cama era todo un evento, necesitaba varias almohadas para acomodarme bien y encontrar la posición adecuada para dormir. Pasé como cuatro meses durmiendo con una barrera de almohadas en la cama tan específica y alta que prácticamente no lograba ver a Toni del otro lado. Toni comenzó a burlarse cariñosamente de mis almohadas y mis quejas por aquella panza que cada vez me resultaba más difícil cargar, cosa que me cortaba la pesadez del momento y me hacía matar de risa. Yo iba a una de sus clases de Zumba, con toda la intención de bailar, pero mi gran panza no me permitía moverme como quería. Después, tratar de ponerme los zapatos era otra odisea que lograba con mucha paciencia, haciendo mil y una maniobras.

Una vez, hasta tuve un percance gracioso con mi ombligo. Durante mi embarazo, me aseguré de bañarme en crema todo el tiempo, todo para humectar la piel y evitar las estrías. Pues un día, de repente noté que mi ombligo estaba hundido y negro. Me impresioné, entonces llamé a Toni y se lo mostré. Le dije: "Mi amor, ¿qué tengo ahí?", algo preocupada. Se acercó para ver ¡y terminó siendo que era un montón de crema que se había acumulado dentro del ombligo! Claro, no me gustaba que me tocaran el ombligo. Me molestaba, lo sentía demasiado sensible. Entonces, limpiarlo no era algo que quería hacer, y lograrlo era aún más difícil, pero ya aprendí mi lección.

Otra cosa que me ocurrió durante el embarazo fue que se me acumulaban gases que salían como eructos, y no los podía controlar. Eso me incomodó al principio, porque yo no había hecho nunca nada de eso delante de Toni; me daba mucha pena. Pero los ataques de eructos que me daban eran imposibles de controlar, tenía que dejarlos salir, no me quedaba otra. Al principio, cada vez que me pasaba, le decía con pena a Toni: "Perdón, mi amor. Perdón, mi amor". Hasta que un buen día me pidió que no le dijera más perdón porque estaba claro que era un efecto del embarazo. Tenía razón. Y así, dejé la pena de lado con él en ese aspecto y me volví a enfocar en el embarazo, uno que ambos estábamos disfrutando al máximo, uno que ahora tocaba celebrar sin parar... aunque no todo fue de color rosa.

El 15 de noviembre de 2014, el día del cumpleaños de Papi, él sintió que le faltaba el aire. Decía que no podía respirar bien, que se sentía débil. Le dieron varios dolores que terminaron en una crisis cardíaca. Anteriormente ya había comenzado a caer en un estado más bien depresivo. Le costaba mucho aceptar que su cuerpo ya no era el mismo de antes, que ya no tenía la misma fortaleza. Su cabeza le decía que podía hacer más cosas de las que su cuerpo le permitía hacer, y eso lo molestaba mucho. Él sentía vitalidad y fuerza mental, pero cada vez que trataba de caminar y hacer lo que hacía normalmente en su día a día, el cuerpo no le reaccionaba como antes. Le comenzó a fallar. Le daba dolor de pecho, no podía caminar bien, le faltaba el aire, no comía bien, sentía que todo lo repugnaba, y eso lo sumió en una depresión. Me acuerdo de que ese día, antes de sus crisis, un reportero lo entrevistó brevemente en la fiesta de cumpleaños que él celebró y le dijo que tenía que ser fuerte para llegar a conocer a Alaïa, pero él respondió: "Si la llego a ver, pero me parece que no la veo... Dios habló conmigo y me dijo: 'Te queda poco de vida'". Me cuesta recordar ese momento sin que se me llenen los ojos de lágrimas, es una respuesta que me entristeció y me dolió en el alma, pero nunca pensé que sería cierto.

Después de eso, comenzó a disminuir su salud a pasos agigantados, y como si fuera poco, le dio el chikungunya, una enfermedad causada por un virus que se transmite por vía de los mosquitos. Este virus causa dolores fuertes en los huesos y las extremidades, pero no es fácil de detectar, por lo que al principio pensamos que quizás lo que tenía era gota, ya que sufría de eso también. No quería comer, se mareaba mucho. Los síntomas de este virus se le mezclaban con síntomas de sus otras condiciones médicas, por lo que ni los doctores lograban descifrar qué era lo que tenía. Y sin saber eso, no sabían bien cómo proceder para curarlo. Entre todo esto, una ocasión en la que lo fui a visitar al hospital, se sentía tan mal que al principio ni me reconoció. No supo quién era hasta que me tocó la barriga, me miró a los ojos y me dijo: "Ah, Dios, pero si tú eres Adamari".

Cuando finalmente lo diagnosticaron y nos avisaron que tenía chikungunya, como es un virus, lo único que podía hacer para curarse era permanecer en reposo y dejar que pasara el curso de la enfermedad. Entre eso y todo lo demás que padecía, pues se fue debilitando a pasos agigantados. Cuando llegaron las vacaciones de Navidad y regresé a Puerto Rico, los primeros días lo vi bien débil. Pero poco a poco fue tomando ánimos. Salía de la cama y se veía con mucha más energía. Es más, después de aquellas fiestas de fin de año, cuando me fui, pensé que ya estaba en vías de recuperarse. Pensé que volvería a estar bien, como tantas otras veces. Pensé que la próxima vez que lo vería, sería para presentarle a Alaïa. Jamás me imaginé que esa sería la última vez que compartiríamos un rato juntos, que tan sólo dos meses más tarde ya no estaría más con nosotros.

9

Festejos y celebraciones

Al entrar en mi último trimestre de embarazo, la felicidad y las celebraciones continuaron. Ahora me tocaba ese festejo tradicional y tan bonito que se les hace a los padres para ayudarlos a prepararse para la llegada de su hijo. ¡Era la hora del baby shower!

Primero tuve una reunioncita con mis amigas en Puerto Rico donde me organizaron una fiestecita. Nosotras siempre nos reunimos en Navidad, así que este año hicimos de esa reunión motivo también de celebración por mi embarazo. Fue un baby shower bien íntimo. Elegimos festejarlo en ese momento porque después de las fiestas me iba a volver a Miami y ya no tenía planeado viajar más hasta después del nacimiento de mi niña. El doctor me había explicado que después de las treinta semanas, no es recomendable viajar. Nunca me imaginé que igual lo haría en febrero, por una razón que me dolió en el alma. Pero bueno, ninguna tenía una bola de cristal para predecir el futuro, así que aprovechamos y festejamos juntas en diciembre.

Luego, ya habiendo regresado a mi casa en Miami, mis amigas Karlita y Sandy ofrecieron hacerme un baby shower allí con mis amistades de la zona. Me pidieron que les dijera qué deseaba y las ayudara para ver cómo lo organizaríamos. Me encantó la idea, sin embargo, cuando comencé a ver que sería un poco más grande de lo esperado, decidí tomar las riendas y organizarlo yo, ya que habrían muchos detalles para coordinar, así como una lista de invitados más larga de lo que nos habíamos imaginado al comienzo. Armé un equipo junto con mis hermanas y sobrina para intercambiar ideas, organizar el día y ayudarme a tomar algunas decisiones.

La idea original era hacer algo más bien íntimo en un lugar pequeño con alguna comidita, unos juegos y listo. Mi objetivo principal era disfrutar de una fiesta bonita y compartir un momento especial con mis allegados para que juntos celebráramos la pronta llegada de Alaïa. Pero a medida que fui haciendo la lista de invitados, fui sumando gente. Me di cuenta de que tenía la dicha de haber contado con mucha gente durante la búsqueda de mi milagro, y quería agradecerles a todos por haber estado a mi lado brindándome consejos, apoyo y cariño cuando más lo necesité. Entre ellos se encontraban mi familia, mis amigos de Puerto Rico y de Miami, mis colegas y amistades queridos de los medios, mis compañeros de trabajo... no podría haber estado mejor acompañada. Rápidamente el plan de hacer algo pequeño e íntimo se fue por la ventana y lo que ahora teníamos en puerta era una gran celebración.

Habiendo finalizado la lista de invitados, lo que tocaba como siguiente paso era conseguir el lugar. Lo que había tenido en mente al principio ya no serviría, ya que ahora calculaba que tendríamos con nosotros, celebrando aquel momento tan especial, a cien personas. Entonces, quería un sitio en el que, a pesar de ser un grupo grande, pudiéramos festejar de una manera bien especial.

Nuestra amiga Laura nos ayudó muchísimo a buscar el sitio adecuado. Yo había visto un restaurante que me había gustado, pero tenía un horario particular que me resultaba muy limitado para lo que buscaba hacer. Además, quería encontrar un sitio que respetara nuestra privacidad. No iba a llevar cámaras de mi show, no pensaba invitar a los medios para cubrir la fiesta, quería que todos los que estuviéramos ahí nos sintiéramos tranquilos y cómodos. No quería que ninguno tuviera una cámara en la cara, porque cuando se prenden las cámaras, todos, en especial los que trabajamos en los medios, sentimos la necesidad de controlarnos un poco más de lo que haríamos si estuviéramos en una reunión íntima. Además, hay ciertas cosas que como figuras públicas es lindo mantener privadas. Son momentos de intimidad que uno quiere gozar sin estar en el ojo del público. A su vez, yo no le prohibí a los invitados que sacaran fotitos por su cuenta. Es más, yo misma publiqué algunas así como un videíto, pero eran cosas específicas.

En todo caso, después de ver varios sitios, me decidí por uno en el que *People en Español* había hecho la actividad de las 25 Poderosas: el Coral Gables Country Club. Ese sería el lugar ideal para lo que quería llevar a cabo, era privado, suficientemente grande, pero a su vez tenía el potencial para armarlo de una manera más íntima. ¡Perfecto! Con el sitio y la fecha apartados, así como la lista de invitados finalizada, pasamos a los siguientes puntos de la planificación, como la comida, bebida, sillas, mesas, decoración. Todavía quedaba mucho por hacer y lo quería hacer sin pasarme del presupuesto, ya que la idea era celebrar mas no gastar un dineral.

Mandé a hacer las invitaciones y quería hacer algo diferente y especial para la fiesta. A mí me encantan los cupcakes de una señora llamada Tina en Miami, así que me comuniqué con ella y nos reunimos para ver qué podría ofrecerme para el baby shower. Le dije que, aparte de sus deliciosos cupcakes, quería que me hiciera un bizcocho. Le mostré los colores pastel que serían parte de la paleta de colores de la fiesta, explicándole que no quería nada demasiado brillante, sino suave y bonito, para reflejar a la niña que estaba por llegar.

Entretanto, mi sobrina, mis hermanas y yo habíamos armado una página en Pinterest para compartir ideas para la fiesta, desde los bizcochos hasta los arreglos florales y la decoración. También contraté una decoradora y organizadora de eventos para que me ayudara a llevar a cabo todos los planes. Fue una adición maravillosa porque no sólo me fue de gran ayuda, sino que también me hizo unas sugerencias maravillosas, y terminé usándolas todas, siempre cuidando el presupuesto, por supuesto. Fue un gran esfuerzo de muchas personas, pero valió la pena, porque quedó bellísimo todo.

En el salón usamos separadores como paredes para armar áreas más íntimas en las que compartir con los invitados. También pusimos un *step and repeat* de Johnson's, que básicamente era un lugar donde pasaban los invitados para sacarles unas fotos con un fondo blanco que tenía impreso el nombre de Toni, Alaïa y el mío, junto con los hashtags #TodosSomosTios, #BebeAdayToni y #ElTiempoDeDiosEsPerfecto. Llenamos la sala de detalles y decoraciones

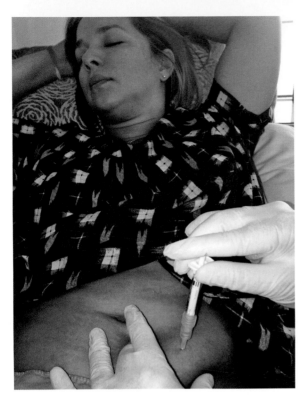

Inyección para el proceso de fertilidad que no dio resultado, y yo siempre con los ojos cerrados para no tener que ver la aguja.

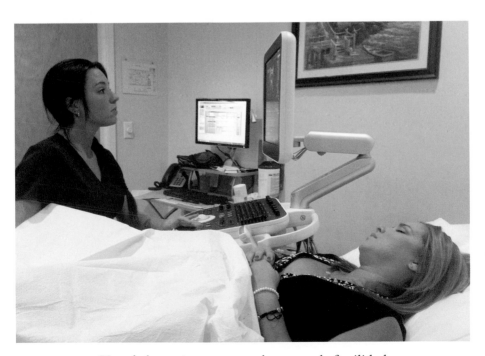

Uno de los exámenes para el proceso de fertilidad que al final no me funcionaron.

Cena sorpresa en la playa justo antes de que Toni me pidiera la mano.

El abrazo justo después de haberle dicho que sí a Toni.

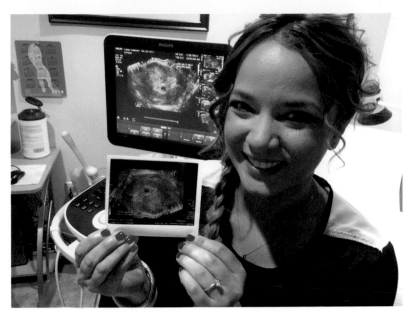

Feliz después de haber visto a mi niña en el sonograma.

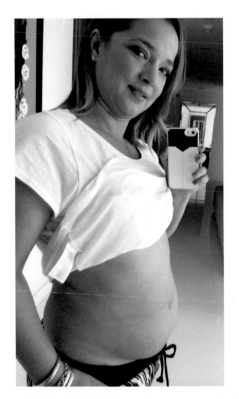

Disfrutando al ver cómo iba creciendo mi princesa en mi panza.

Los sonogramas
que me llenaron el
alma de alegría.

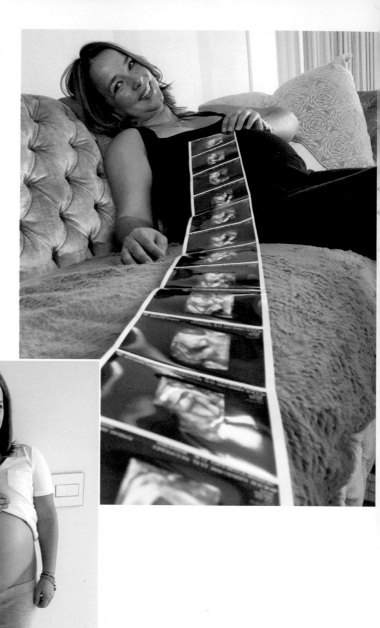

Feliz con mi panza de seis meses.

Toni dándole amor a Alaïa
a través de mi panza.

Con Chayanne, Eliot, María y Johnny Lozada,
celebrando el cumpleaños de Eliot.

Celebrando junto a familia y amigos la boda de los amigos de Toni: François Di Guardia y Juan Carlos Calleja.

Toni y yo en la boda de François y Juan Carlos en España.

2014: Celebración del Día de Acción de Gracias en familia, con Alaïa creciendo en mi panza.

Celebrando el día de Navidad de 2014 en Puerto Rico, vestida de duende.

Con Marcos Peña y Gustavo Arango preparándome para el baby shower.

Toni y yo en el baby shower.

Foto © de Carlos Aristizabal

Disfrutando del libro de fotos
en nuestro baby shower en Miami.

Foto © de Carlos Aristizabal

Foto grupal del baby shower con todos los seres
queridos que nos acompañaron ese día.

Foto © de Carlos Aristizabal

Rezando en la capilla del hospital antes del nacimiento de mi hija.

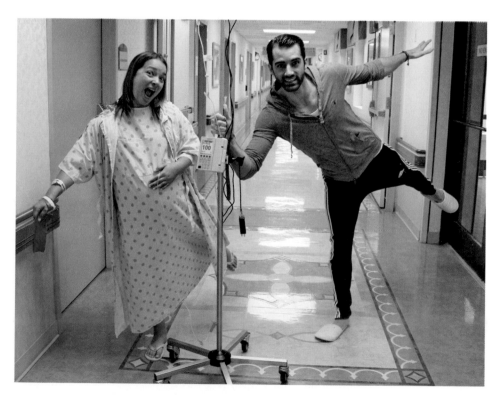

Toni y yo divirtiéndonos en el hospital mientras esperábamos la llegada de Alaïa.

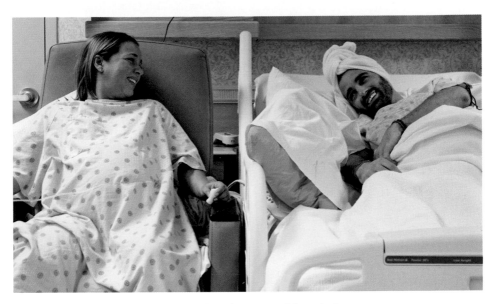

Toni imitándome en el hospital.

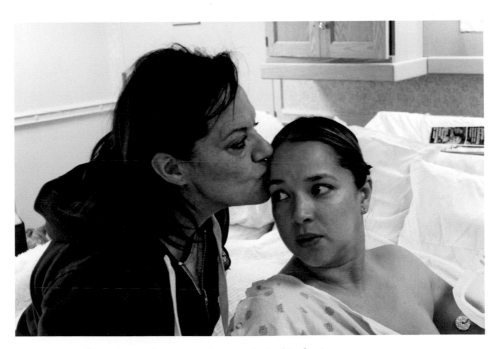

Carmen, mi suegra, siempre brindándome amor y apoyo,
esta vez en el hospital.

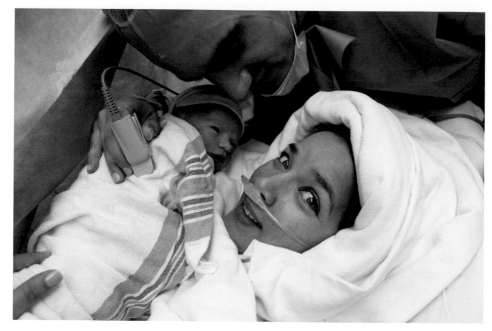

La primera vez que tengo a Alaïa en mis brazos,
justo después de su nacimiento.

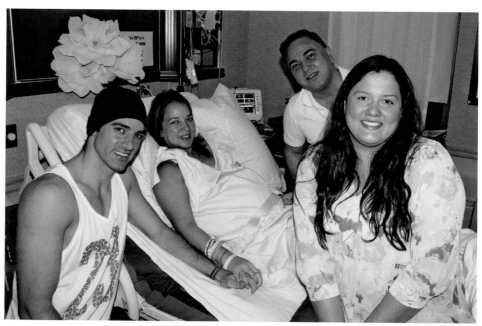

Con Toni, Adilmarie y Adalberto después del parto.

Con mi milagro de Dios.

Los tres unidos antes de la conferencia de prensa en el hospital.

Alaïa en casa.

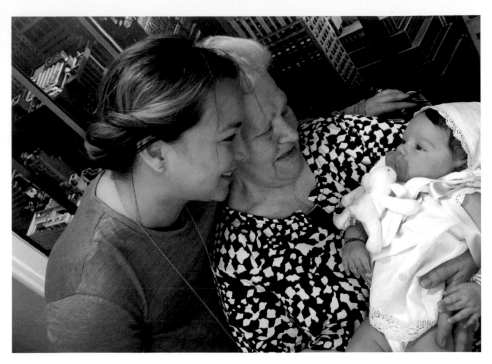

Con Alaïa y su bisabuela Goya.

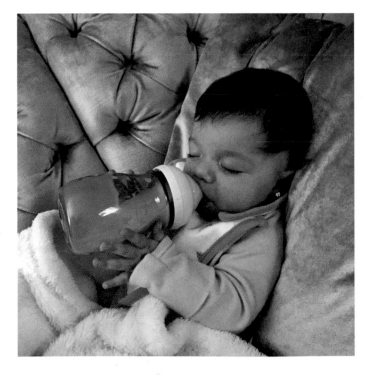

Mi princesa ya sujeta
el biberón sola.

Esa sonrisa me derrite
el corazón.

Los tres felices disfrutando de la playita en Formentera, España.

preciosos —había detalles hasta en el baño, como velitas perfumadas, jabón, crema, flores—, y una comida y dulces exquisitos. Había una pared de Bambini Soiree con una mesa de dulces que parecía salida de un cuento de hadas. Y el bizcocho y los cupcakes no podrían haber salido más bonitos. El bizcocho era de tres pisos, con el bañado color cremita y decorado con unos animalitos y unas florcitas que al verlos lo que causaban era ternura, justo lo que yo deseaba. Quedó tan bonito el bizcocho que cuando lo vi puesto en el salón, me emocioné y se me salieron las lágrimas.

Para el gran día, quería ponerme algo especial, pero hasta el día antes, seguía sin traje. El diseñador Gustavo Arango me había dicho que me lo iba a hacer, pero estaba en medio de presentar su colección en su desfile. A medida que se iba acercando el domingo 1 de febrero de 2015, día de la fiesta, me iba poniendo más nerviosa porque seguía sin vestido. Así que decidí tomar las riendas en el asunto y ese mismo sábado me fui a recorrer las tiendas de Bal Harbour buscando una segunda opción por si Gustavo no llegaba a tiempo, o por si lo que me traía me quedaba largo o lo que fuera. Pero mi querido Gustavo no sólo cumplió su promesa sino que me entregó un vestido que no podría haber estado más a medida. Me quedó pintado. Era un vestido largo, rosado con un cinturón dorado para hacer juego con la paleta de colores de la fiesta, que me envolvía el cuerpo y la panza a la perfección. Marcos Peña me maquilló y peinó, y entre eso y el vestido, me hicieron sentir como una diosa griega.

El fotógrafo que registró el evento fue un ángel que apareció en el momento justo. Lo habíamos conocido por medio de nuestra amiga Laura, que lo conocía porque hacía trabajos para el hospital

St. Jude. Él y su esposa son unos colombianos encantadores. Lo contratamos para la actividad y se portó como un rey. Tomó fotos súperbonitas y nos ayudó a realizar un recuerdito muy especial para nuestros invitados. Nos sacó fotos con cada invitado y luego imprimió y enmarcó cada una, y se la regalamos a los invitados como recuerdo del baby shower. Fue muy bonito.

En un momento dado Toni, que siempre le gusta llenarme de sorpresas, nuevamente me presentó un regalo de todo corazón. Estábamos todos reunidos para sacarnos una foto grupal, algo que yo quería hacer para tener un recuerdo con ese grupo de personas tan especial y para no olvidar a los que nos acompañaron ese día para celebrar un hito tan importante en nuestras vidas. Después de sacarnos la foto, Toni tomó la palabra y nos pidió que nos quedáramos todos ahí, mientras hizo sonar una canción que él había mandado a hacer con su amigo, el mismo que compuso la canción para nuestro compromiso en República Dominicana. Fue otro momento emocionante y lleno de dulzura, no sólo por el gesto de Toni sino también por la letra tan bonita de la canción que realmente logra captar lo que estábamos viviendo en aquel entonces.

Mirando al cielo
(Letra y música de Carlos Simón)

No olvidaré el día en que sentí que estabas a unos meses
de venir,
de hacer que el sacrificio fuese ahora un alivio,
impaciente por vivir mil historias junto a ti.

Nunca llegó cuando me empeñé ni cuando a duras penas
*   lo intenté*

Llegó en ese momento en el que quiso Dios,
no sé si alguien presionó pero fue mi bendición.

Y hoy mirando al cielo he visto que el mundo ha vuelto a
*   girar,*
el tiempo es sabio y tú en mi camino te has hecho esperar,
habrá mil noches en vela pensando en ti,
he visto claro mi destino y soy feliz, soy feliz.

Tengo la suerte de que alguien esté ahí haciendo de mi vida
*   una ilusión,*
cuidando de un regalo que es para los dos,
imaginándonos su olor, su mirada y su voz.

Y hoy mirando al cielo he visto que el mundo ha vuelto
*   a girar,*
el tiempo es sabio y tú en mi camino te has hecho esperar,
habrá mil noches en vela pensando en ti,
he visto claro mi destino y soy feliz, soy feliz,

Y hoy daré las gracias al mundo a todo lo que está por llegar
y pido al cielo que traiga ese sueño que voy a cuidar,
ya no hay más lágrimas tristes, quiero soñar
que hay una niña a la que pronto podré acariciar.

Cuando terminó la canción apareció la voz de la sobrina de Toni, Noa, diciendo: "Los quiero mucho. ¿Te gustó la canción? A mí me encanta. Es muy bonita. Es para mi primita Alaïa. Tengo ganas de conocerla, enseñarle a jugar y enseñarle a bailar. Los quiero mucho a los tres". Fue un momento súpertierno y emotivo. Se me llenaron los ojos de lágrimas otra vez.

Todo quedó mejor de lo que me había imaginado. Cada una de las personas que me ayudaron cumplieron y el evento salió bien, bien, bien bonito. Fue un día lleno de alegría, armonía y muchísimo amor. Al finalizar la celebración, volvimos a la casa, muertos de cansancio pero felices, llenos de regalitos para Alaïa y con un recuerdo nuevo de otro día inolvidable.

Pero aún quedaba otra celebración. El viernes de esa semana entrante tuve el gran gusto de disfrutar otro festejo muy lindo en *Un nuevo día*, donde me hicieron otro baby shower bien divertido. El evento en sí no fue sorpresa, ya me habían dicho que me iban a hacer un baby shower, así que decidí escoger algunas fotos de mi baby shower del domingo y mostrar un álbum en el programa para compartir con el público algunos momentos de esa celebración íntima. Aunque sabía de este nuevo festejo del viernes, no sabía todos los detalles. Es más, el jueves no me permitieron participar de la reunión de producción y al día siguiente ni siquiera me dejaron leer sobre los segmentos del programa, cosa que uno siempre hace para prepararse para la presentación del show, porque querían asegurarse de que no me enterara de las sorpresas que habían preparado. El objetivo que tenían para mí ese día era que simplemente disfrutara el programa casi como una invitada especial más que una de las presentadoras, y lo lograron.

Fue otra celebración muy tierna y divertida. El set estaba decorado de rosado con peluches, y las personas que me hicieron el bizcocho y los dulces en mi baby shower el fin de semana anterior habían preparado otra mesa de dulces para esta ocasión. Había cupcakes, bizcochos, galletas, había de todo. Vino Martín Amado de invitado para revelar el trabajo que hizo decorando y poniendo el cuarto de Alaïa, hicimos juegos, bailamos, y me sorprendieron con la llegada de mis hermanas y mi sobrina con sus hijos al set. También me habían preparado mensajes grabados felicitándome muchos compañeros y colegas. Quedé súper contenta.

Fue una semana llena de celebraciones y una felicidad enorme. Pero esas olas de eventos buenos y malos en mi vida que finalmente se habían transformado en un mar tranquilo durante mi embarazo, ahora estaban por tomar fuerza otra vez y romper en la orilla de mi vida de la forma menos esperada. Nunca me hubiese imaginado que ese viernes 6 de febrero de 2015, no sólo sería el cierre de celebraciones por la llegada inminente de mi hija, sino también el comienzo del cierre de la vida de mi padre.

10

Papi no está más

En el transcurso del embarazo, muchas veces se me vino a la mente mi mamá. La verdad es que la extrañé mucho. Me hubiese encantado tenerla a mi lado durante esos nueve meses tan deseados, poder llamarla, contarle cómo me estaba sintiendo, pedirle sus consejos. Me hubiese gustado experimentarlo todo con ella viva. Pero, gracias a Dios, siempre la sentí cerca, y esas conversaciones que no podíamos tener en persona las tenía con ella en mi mente, imaginándome sus respuestas. Por fortuna en esos tiempos pude contar con los consejos y amor de mis hermanas y también de mi suegra. Y otro gran consuelo, del cual estaré agradecida por siempre, fue todavía tener a Papi ahí conmigo. Compartir mi embarazo con él, poder mostrarle mi gran barriga y los sonogramas, contarle que su nieta se llamaría Alaïa, todo eso fue una verdadera bendición. Y lo que más me ilusionaba de todo era poder finalmente ponerle a mi hija en sus brazos. Nunca pensé que, estando tan cerca de la fecha, ese día no llegaría. El hecho de que mi papá no la haya llegado a conocer todavía me pesa en el alma, pero lo que uno quiere y anhela no siempre es lo que la vida te pone en el camino.

EL VIERNES 6 DE febrero había sido el baby shower del show, el domingo anterior había sido el mío, pero Papi no pudo viajar debido a su estado de salud. Al salir del trabajo ese viernes, Toni, quien estaba conmigo porque había sido partícipe del baby shower de *Un nuevo día*, y yo nos dirigimos a mi revisión semanal, que casi siempre caía en viernes. Al hacerme el ultrasonido, mi doctor notó que me había bajado el líquido amniótico, lo cual podía poner en peligro a mi bebé, así que me mandó directo al hospital para que me hidrataran y me controlaran de cerca. Quería asegurarse de que el líquido llegara nuevamente al nivel deseado antes de dejarme volver a mi casa.

Ese viernes a las 4:30 de la mañana, como era de costumbre, había hablado con Papi. Luego, durante el show nos comunicamos al aire, pero en esa segunda llamada me di cuenta de que algo estaba sucediendo. No podía hablar bien, no le salían bien las palabras, así que le dije, frente al público televisivo: "Vete al doctor para que te revise y te asegures de que está todo bien". Lo hizo y lo terminaron internando en el hospital ese mismo día. Esa tarde estábamos ambos internados en hospitales pero ninguno sabía que el otro estaba mal. Yo no quise avisarle para que no se preocupara, pero resulta que mis hermanos tampoco me habían querido decir nada a mí para que yo no me preocupara. Pasé aquella noche en el hospital, con monitores que vigilaban mis latidos y los de mi bebé, y un suero para hidratarme y ayudar a que se nivelara el líquido amniótico. Esa noche, llegaron a las cuatro de la mañana y yo tenía los ojos más abiertos que dos platos redondos. Aunque el hospital es de lo más bueno, no estaba en mi cama, estaba atenta a los ruidos de los monitores, a cada rato entraba una enfermera para ver si estaba bien y no podía parar de pensar.

Al final me enteré de que mi papá había pasado una noche similar porque mi hermana Adaline, que había venido para el baby shower, el sábado se volvió a Puerto Rico y del aeropuerto se tuvo que ir directo al hospital. Ese día, finalmente me contó que Papi estaba en el hospital internado, pero nadie me terminaba por decir qué era lo que estaba pasando con su salud. No me hablaban claro, no me querían decir ni qué tenía ni cómo estaba porque por mi estado querían evitar preocuparme.

Para cuando llegó el lunes, yo ya estaba fuera del hospital y enterada de que Papi no andaba nada bien. Pero todavía había posibilidades de que mejorara. Yo había pasado de viernes a sábado internada, luego me dieron de alta porque el líquido se había regulado, pero tuve que volver el domingo para que me lo revisaran y para estar seguros de que seguía todo en orden. Mientras tanto, Adalberto comenzó a preocuparse aún más por Papi porque lo había notado incoherente.

La primera vez que vi mal de salud a Papi fue a mis dieciséis años, cuando tuvo un ataque de corazón en casa y Mami y yo lo tuvimos que llevar de emergencia al Centro de Diagnóstico y Tratamiento. Lo recuerdo como un momento aterrador en mi vida y, a su vez, fue un ejemplo de fortaleza que nunca se me borrará de la mente. Quedé impresionada con cómo, a pesar del dolor y sufrimiento de padecer tal ataque, luchó con todo lo que tenía en su haber para sobrevivir. Ese ejemplo de fortaleza no me lo olvidaré jamás. Fue algo que me sirvió de inspiración cuando, diecisiete años más tarde —casi doblando los dieciséis añitos que tenía en aquel entonces— me tocó luchar contra el cáncer que había lanzado un misil en mi seno. Esa fue la primera de muchas veces en años venideros en las que la fuerza y habilidad de Papi para recuperarse salió ganando. Sin embargo, fue tal el shock de vivir aquel momento en carne propia y de pequeña, que me dejó un miedo constante que nunca más logré vencer del todo: el miedo de perder a mi papá.

Después de las fiestas de 2014, aunque mis hermanos y yo estábamos claramente preocupados, como Papi siempre se mejoraba, teníamos esperanza de que en este caso sería igual, que nuevamente sólo sería un susto y todo volvería a la normalidad. Nunca nos imaginamos que era el comienzo de sus últimos días con nosotros. Siempre se recuperaba, lo otro no cabía en nuestras mentes. Pensamos que tenía la fortaleza para salir de esto, como tantas otras veces, y seguir adelante porque sus ganas de vivir seguían presentes, aunque su cuerpo a veces no se lo permitía, quería seguir yendo al trabajo, quería seguir disfrutando de sus días en este mundo. Por eso nos sorprendieron tanto los eventos de aquel fin de semana en febrero. Y nos sorprendió aún más que el doctor haya pedido hablar con nosotros. Esta vez estaba siendo diferente. Algo no andaba bien. Le comenzaron a administrar varios medicamentos, cosa que lo tenían muy soñoliento y un poco desconectado con la realidad, sin embargo, en mi familia, la esperanza es lo último que se pierde. Así que seguíamos todos con fe de que, a pesar de todo sobreviviría.

Así fue que llegó ese lunes 9 de febrero de 2015. En mi ultrasonido, justo estaba en el teléfono hablando sobre mi contrato con Telemundo, ya que caducaba en mayo y necesitábamos pautar todos esos detalles que tienen que ver con renovar un contrato, lo cual siempre es un poco estresante. Cuando llegué a la consulta, estaba en medio de esta conversación, así que mientras trataba de cuadrar todos estos detalles, me comenzaron a preparar para el ultrasonido. Entretanto, veía que Adilsa me llamaba con mucha insistencia, pero no la podía atender, así que le pedí a Toni que la llamara mientras yo terminaba mi conversación sobre el contrato y me hacía el ultrasonido.

Cuando Toni volvió al cuartito del ultrasonido, enseguida me di cuenta de que algo no andaba bien porque Toni simplemente me dijo que Adilsa le había dicho que por favor la llamara tan pronto termináramos con el examen. Justo Adilsa estaba en Miami y se volvía a Puerto Rico al día siguiente. Cuando terminamos todo, Toni y yo nos metimos en el carro y ahí llamé a Adilsa. Papi había empeorado y nos pedía que si podíamos nos tomáramos un avión para allá cuanto antes porque los doctores le habían dicho que era probable que no pasara la noche. No podía creer lo que estaba escuchando. Me comenzó a latir el corazón y la angustia invadió mi ser. Nos pusimos a hacer llamadas y a buscar el pasaje en el primer avión disponible ese mismo día. Eran las tres de la tarde y encontramos asientos en el vuelo de las ocho de la noche. Nos fuimos para la casa, hicimos una maletita y Toni, Adilsa, mi sobrina Adilmarie y yo volamos para Puerto Rico esa misma noche. Como tenía otro ultrasonido ese viernes para seguir controlando mi líquido amniótico, así como el embarazo que estaba entrando ya en la etapa final, el pasaje lo saqué con vuelta el jueves.

A todas estas, mi doctor me había pedido que no viajara más a partir de la semana treinta del embarazo. En aquel momento, como estaba casi llegando a la semana treinta y cuatro, llamé al doctor para contarle lo que había sucedido y para decirle que me tenía que subir a un avión ese mismo día sí o sí. Por suerte mi líquido amniótico se encontraba estable y todo estaba en orden. En realidad no lo estaba llamando para pedirle permiso, sino para avisarle lo que estaba ocurriendo. Mi doctor me dijo que me cuidara, que tomara mucho líquido, que lo mantuviera informado, pero me dio el visto bueno. No podía descuidar la salud de mi hija, pero tampoco podía descuidar a mi papá y a mis hermanos. Era una emergencia familiar, y como siempre, teníamos que estar todos unidos y juntitos.

Esa noche, mientras esperábamos abordar nuestro vuelo, a mis hermanos en Puerto Rico los mandaron a sus casas a descansar y les dijeron que regresaran al día siguiente para así hablar todos juntos con el doctor. Sin embargo, me contó Adaline que cuando llegó a su casa, recibió una llamada del hospital pidiendo que ella y Adalberto regresaran de inmediato. Así hicieron y al llegar, se dirigieron directo al cuarto donde estaba alojado Papi, pero no lo encontraron ahí. Estaba vacío. En ese instante, comprendieron que algo había pasado, pero no sabían qué.

Entretanto, Adilsa, Adilmarie, Toni y yo nos subimos al avión, con esta última novedad, pero sin saber exactamente qué había pasado y por qué habían movido a Papi de su cuarto. La realidad es que nos imaginamos que Papi muy probablemente había fallecido, pero sin la noticia oficial, siempre queda un dejo de esperanza. Íbamos con una gran angustia encima y con la esperanza de que simplemente lo hubiesen movido a terapia intensiva. Pensé que todavía tendríamos la oportunidad de verlo, hablar con él, abrazarlo y al menos poder decirle adiós.

Al aterrizar en Puerto Rico, prendí mi teléfono y me encontré con una lluvia de mensajes de gente dándome el pésame. Así fue que me enteré de que Papi ya no estaba más con nosotros. Parece que la noticia se supo mientras estábamos en el aire. Por eso todos me empezaron a escribir, sin saber que yo estaba todavía volando.

Irónicamente, con Mami ya me había ocurrido algo similar. Mi hermano me dio la noticia mientras hacía escala en Miami en mi viaje de Orlando a San Juan para estar a su lado. Ambos partieron mientras yo estaba en el aire, quizás así me encontré más cerca de sus almas mientras partían de la tierra al cielo. Sólo Dios sabe...

Íbamos a ir directo al hospital, donde nos habían dicho que aunque no fuera hora de visita nos dejarían entrar a verlo, pero eso era suponiendo que seguía con vida. Al confirmar su fallecimiento, nos fuimos directo a la casa. Y ahí mismo, no nos quedó otra que aceptar los hechos, enfriar un poco las emociones y comenzar a planificar lo que era su voluntad para su entierro.

A la mañana siguiente lo fui a ver a la funeraria. Ya estaba preparado y en su caja. Ahí pasamos un buen rato con él y después del velorio, antes de cerrar la caja, le pusimos unos sonogramas de Alaïa y otras cositas de ella, para que se pudiera llevar un recuerdito de su nieta. Pasamos dos días a su lado, recibiendo a mucha gente que quería venir a despedirse y darnos muestras de cariño, ya que era muy querido. Le agradecimos a todos los que pasaron por ahí, pusimos música y, como lo hicimos con Mami, también fue llevado al cementerio en una carroza blanca con caballos. Otras funerarias salieron a rendirle homenaje y la gente se portó muy linda. Fue un reflejo hermoso de la vida de Papi, a él seguro le encantó. Muchos se acercaron para contarnos lo mucho que los había ayudado o el servicio que les había prestado cuando más lo necesitaban. Él siempre estaba al servicio de todo el mundo, tuviesen dinero o no. Compartieron con nosotros cosas que ya sabíamos de nuestro papá, pero que al recordarlo en voz de la gente, nos llenaba de orgullo.

Al finalizar todo, nos fuimos todos a casa de mi hermano y después pasamos por la casa de uno de mis tíos, hermano de Papi, con quien era muy unido. Ahí comimos y compartimos en familia ese momento difícil, siempre haciendo de lo triste, algo bonito, buscando momentos jocosos para alivianar el dolor. Me siento realmente bendecida porque sé lo especial que es tener el apoyo familiar con el que cuento. Es lo que me ayuda a pasar los momentos más duros y celebrar los más felices. Mami y Papi siempre nos inculcaron mantener la unidad familiar, tanto con el núcleo pequeño de ellos y nosotros, así como con el núcleo más grande. Y desde siempre y hasta ahora, seguimos procurando el uno al otro, y seguimos juntándonos en casa de mi tío Freddy para compartir lo bueno, lo malo, lo difícil, la celebración, el dolor, todo. Es más, él nos lo repitió muchas veces, el hecho de que nuestros padres ya no estén más no significa que esto se tiene que acabar. Al contrario, ellos siempre estarán para nosotros como familia y nosotros para ellos, continuando así el legado de mis padres, con la misma unión familiar con la que nos criaron y con la que partieron.

Esos días pasaron en un abrir y cerrar de ojos. De pronto, de la nada, amanecí y era jueves, el día que tenía programado para partir hacia Miami otra vez. Jamás pensé que sería después de haber despedido a mi papá para siempre. Ese dolor todavía no lo llegaba a comprender y procesar del todo, estaba muy fresco. Ese día compartimos otro ratito más juntos y luego Toni y yo nos subimos al avión. El viernes estaba dispuesta a volver al trabajo, pero me dijeron que me tomara el día y me quedara tranquilita descansando y haciendo mi duelo.

Les hice caso. Me quedé en casa ese viernes y a la tarde fui a mi revisión a chequear el líquido amniótico. Encontraron que los niveles seguían dentro de lo normal, pero igual mi doctor decidió que de ahora en lo que quedaba del embarazo, debería revisarme dos veces por semana para monitorear todo de más cerca y así asegurarnos de que todo seguía su curso. Volví a casa contenta de que todo estuviera bien, pero con el alma por el piso.

Esos primeros días luego del fallecimiento de mi papá fueron una nube de tristeza. En poco más de dos años, había perdido a los dos seres que me habían dado vida, que me habían criado con amor y valores invaluables, que me habían apoyado y aconsejado, que habían compartido mis dolores y mis sueños. Ahora no quedaba ninguno. Ese vacío lo sentí aún más profundo cuando se avecinó el lunes por la mañana y dieron las 4:30. Nunca más escucharía su voz, nunca más compartiríamos alguna platica matutina y una risotada. Papi no estaba más.

Lo que sí estaba era el amor de Toni, mi familia y mis amigos, ese apoyo y ese cariño me sirvió para levantar fuerzas de quién sabe dónde y seguir andando. Ese primer lunes que volví al trabajo, aunque ya no escucharía más la voz de Papi, a las 4:30 sonó mi teléfono. Era un compañero de trabajo para decirme que era hora de levantarme. También me entró un mensajito. Era Adilsa para decirme que ya era hora de irme a trabajar. Me sentí tan amada y acompañada y agradecida por esos gestos, que sabía que estaría todo bien. Sigo extrañando las llamaditas de Papi, esa persona que se levantaba y me hacía el desayuno cuando era niña y que me despertaba con su llamado a las 4:30 de la mañana pendiente de que me levantara para ir a trabajar.

Sólo la fe me sirve de consuelo cuando me pesa el corazón por su ausencia. Sólo la fe y el rezar mucho me dieron la tranquilidad para estar bien con el embarazo y tratar de entender nuevamente que esto probablemente era lo mejor para él, aunque no lo fuera para mí. La fe es lo único que me hace mantenerme firme y tranquila en los momentos difíciles. Creo que todavía no he logrado asimilar bien la partida de mi papá, porque el regocijo de la llegada de Alaïa aminora ese dolor y esa perdida, pero no quita que esté ahí. Sólo la fe me ha ayudado a superar cada uno de estos momentos y encontrar la fuerza para seguir adelante cuando me siento perdida por el dolor. Sólo la fe, y ahora Alaïa.

11

El sueño se hace realidad

El *lunes 23* de febrero de 2015 fui al show y luego a mi revisión médica. A esta altura me estaban revisando dos veces por semana, lunes y viernes. Faltaban cuatro semanas para mi fecha de parto y me seguía sintiendo de lo más bien. Tanto así que con semejante barrigota, hasta me ponía a bailar en medio del show, aunque mi médico me había pedido que me mantuviera lo más tranquilita posible. Pero lo que quería era celebrar. Mi tan deseada hija estaba a muy poquito tiempo de llegar a este mundo y el saber esto me colmaba de alegría. No veía la hora de darle la bienvenida y tenerla en mis brazos. Además de estar lo más tranquila, mi médico me dijo que podía seguir trabajando, pero que en mi tiempo libre hiciera todo el reposo posible, pero yo lo que quería era poner todo en orden para la llegada de mi bebé. Estaba en pleno *nesting period*, el tiempo previo a dar a luz, donde a la mujer le nace el instinto de "anidar", es decir, poner orden, organizar clósets, hacer todo a su alcance para prepararse para la llegada de su bebé. Es la descripción perfecta de lo que estaba sintiendo en esos días.

El viernes anterior, cuando llegó la señora que trabaja en mi casa, me encontró yendo frenéticamente de un lado para otro en mi apartamento, tratando de hacer todo a la vez. Quería terminar el cuarto de la bebé, lavarle la ropa, preparar nuestras maletas, empezaba una cosa cuando se me ocurría otra nueva que debía hacer. Terminé el día bien cansada porque además me había levantado al alba para trabajar y había ido a mi cita médica, pero nada ni nadie me quitaba la sonrisa. El ocuparme de los preparativos para la llegada de mi niña también me resultaba una gran distracción y ayuda para no sumirme en la tristeza de haber perdido a mi papá menos de dos semanas antes. Era un sube y baja de emociones, pero ahora necesitaba concentrarme en mi hija y brindarle la mejor energía para que llegara sana y salva a este mundo

Ese fin de semana, Toni justo había tenido que viajar por trabajo a Tampa, Florida. Para mí, los fines de semana eran clave porque era cuando más tiempo libre tenía para dedicarme a mis preparativos. Por lo que le pedí ayuda a una amiga. El problema era que a esta altura yo ya no me animaba a manejar mi carro. Mi barriga estaba tan inmensa que cuando me acomodaba en el asiento para conducir, quedaba demasiado pegada al volante. Todavía podía manejar pero me daba terror que tuviera que dar algún frenazo inesperado, porque ese golpe podía llegar a lastimar a mi niña. Como Toni no estaba, mi amiga muy cariñosamente me acompañó y me llevó a hacer todo lo que tenía anotado en mi lista de diligencias para ese sábado, y de paso compartimos un rato juntas. Luego, el domingo, llegó mi sobrina Adilmarie para ayudarme a hacer la maleta para cuando me tocara ir al hospital. Toni volvía del trabajo ese día, pero yo quería dejar todo lo más preparado posible por si acaso. Uno nunca sabe cuándo le va a tocar ir al hospital bajo estas circunstancias, aunque nunca me imaginé que en mi caso ese día estaría a la vuelta de la esquina.

Adilmarie fue de gran ayuda porque ya había tenido dos hijos, o sea que sus sugerencias partían de la experiencia. De todas formas, yo empaqué aquella maleta y la de mi niña como si nos estuviéramos por mudar de la casa. En la maleta grande, metí sábanas, toallas, perfumes, jabón, mis artículos de aseo personal, dos almohadas, batas de dormir que me había mandado hacer especialmente para sentirme más cómoda durante mi estadía. Hasta empaqué papel higiénico, algo que me recomendaron ya que el que está en el hospital nunca es tan suave como el de uno. Además, pensando que tendría un parto vaginal, quería asegurarme de tener a mano algo que fuera lo más suavecito posible. No sabía qué esperar, pero sin dudas quería estar preparada por cualquier cosa. ¡Gracias a Dios que logré dejarle un espacio a Toni para que pusiera sus cosas!

Cuando me tocó hacer la maletita para Alaïa tenía ganas de llevarme el clóset entero. Para ese día, ya habíamos lavado toda su ropita nueva y estaba todo limpio y listo para usar. Tenía tantas opciones que no sabía por dónde empezar. Le empaqué todo tipo de ropa, incluyendo prendas de una sola pieza, vestiditos, guantecitos para que no se rasguñara, mantitas, gorritos. ¡Y ni hablar de los posibles trajecitos para cuando saliéramos del hospital! Llevé como cuatro cambios para sólo esa ocasión porque no podía elegir. Estaba entre ropita que le había comprado en Puerto Rico, otra que le compré en España y otras opciones más. Realmente le llevé muchísimo más de lo necesario, mi entusiasmo pudo más que mi lógica. Al final, le terminó quedando todo un poco grande, y obviamente no usó todo, pero sí bastante, y terminó saliendo del hospital con una ropita de punto que había comprado en España. Ese día dejamos todo listo y cuando volvió Toni de su viaje fuimos de brunch y pasamos el resto de la tarde y noche súper tranquilos —ahora sí que estaba todo preparado para la llegada de nuestra niña tan anhelada—.

Y así amanecimos el lunes 23 de febrero. Toni se despertó a las 4:30 de la mañana conmigo para llevarme al trabajo. Yo prefiero tener mi independencia, pero como mencioné anteriormente, ya no era prudente que yo manejara con aquella panza. Cuando terminó el show y la reunión de producción, Toni vino a buscarme, y antes de partir nos llevamos un montón de los regalitos que nos habían hecho en el canal y que nos había enviado el público. Todavía seguía al aire mi segmento "Aprendiendo a ser mamá", y una de las cosas que hacíamos era mostrar los regalos que me enviaba la gente al canal. Era un momento bien bonito sentir el amor del público a través de sus regalitos tan especiales. Así que ese día nos llevamos varias cositas de las que ya habíamos enseñado públicamente, y luego partimos hacia mi cita médica. El plan de la tarde era ir a la cita y luego continuar con las diligencias pendientes juntos. Es más, como siempre, le tenía a Toni una gran lista de actividades, como ir al supermercado, buscar ropa en la lavandería, ir a la tienda de bebés, siempre había algo por hacer, y yo disfrutaba mucho ese rato compartido.

Entramos a la oficina y fuimos al cuarto para prepararnos para un ultrasonido más. Ya estaba acostumbrada, aquellas visitas las había asimilado como parte de mi rutina semanal. Yo me sentía tan bien y llena de energía que por eso me sorprendió, cuando al revisarme, me avisaron que el líquido amniótico nuevamente había bajado bastante; demasiado. Cuando el médico analizó los resultados, decidió enviarme al hospital de nuevo para hidratarme y monitorearme hasta que todo volviera a niveles normales.

En el hospital me iban a poner un suero, monitorear de cerca el líquido amniótico así como los latidos de corazón míos y de la bebé, y luego, dependiendo de cómo fuera reaccionando mi cuerpo, el equipo médico decidiría si me dejaban ir, si tenía que volver al día siguiente o si el líquido habría subido lo suficiente como para verme dos o tres días más tarde. Como la vez pasada me tuve que quedar la noche, decidimos primero hacer unas diligencias antes de internarme. Primero, fuimos a comer. Ya me habían dicho anteriormente que era mejor comer previo a internarse porque después quién sabe cuánto tiempo pasaría a punto de suero sin poder comer nada.

Ahora que lo pienso, esta escena de estar comiendo antes de ir a un hospital era bastante familiar, aunque las situaciones eran totalmente opuestas —la de diez años atrás era para salvar mi vida y la de ahora era para traer al mundo a mi niña—. En aquella primera ocasión, ese 9 de agosto de 2005, había llegado al hospital con el estómago vacío pensando que si comía antes, la quimio quizá me haría vomitar. Sin embargo, recuerdo que me explicaron que como seguramente no tendría ganas de comer nada después de la sesión por las náuseas que probablemente sentiría, era recomendable alimentarme antes. Ahora por suerte la recomendación y las circunstancias eran bien diferentes. En este caso me recomendaron que comiera antes porque, aunque después tuviera ganas, seguramente no me dejarían. ¡Gran diferencia!

La vez pasada nos habíamos ido a comer a un sitio español, donde estaba bien buena la comida. Yo seguía sin tomar ni una gota de refresco, pero esa vez pensé: "Bueno, si va a pasar algo, ya estoy harta, que venga lo que venga, ¿cuántas horas me irán a dejar sin comer?". Me di todos los gustos y después en el hospital me monitorearon el azúcar y me salió altísima. Ahora habíamos elegido un sitio italiano. Sin embargo, decidimos pasar por casa antes para hacer una maletita por si nos tocaba pasar la noche en el hospital. Al final, también metimos en el auto la maleta grande y la de Alaïa porque en realidad queríamos estar preparados ya que no sabíamos qué podía llegar a pasar. Al día siguiente, martes, estaría cumpliendo mi semana treinta y seis de embarazo; a esta altura cualquier cosa era posible.

En vez de ponernos dramáticos o ansiosos, nosotros nos tomamos todo el asunto como si nos estuviéramos yendo de picnic al hospital. Hasta pasamos por una tienda para comprar algunas cositas para decorar mi cuarto. ¿Qué íbamos a hacer? Sonreímos y nos entregamos al equipo médico y a las manos de Dios.

En el hospital nos atendieron excelentemente bien. Me llevaron al cuarto, me cambié y comenzamos todo el proceso para nivelar el líquido amniótico terco. Al buscar la vena que normalmente se usaba para administrar el suero, la que se encuentra en el brazo, no la pudieron encontrar. Se había contraído. Me palparon el brazo un ratito más y finalmente decidieron ubicar la aguja en una vena más cerca de la mano. ¡Qué incómodo! No podía doblar la mano, me dolía y encima es la mano que yo uso para hacer todo menos escribir.

Cuando tuve cáncer, me quitaron los ganglios linfáticos de la axila derecha, por lo que en ese brazo no me pueden tomar la presión ni sacar sangre. La única opción es el brazo izquierdo. El derecho es como si estuviera de adorno, no puedo cargar nada pesado —yo digo bromeando que es mi mano de Miss Universo que sólo me sirve para saludar—. Lo que ocurre es que si me llegan a sacar sangre de ese brazo y tengo una mala reacción estoy susceptible a que me dé linfedema, una enfermedad que se presenta comúnmente en los pacientes de cáncer de seno donde se te inflama el brazo, y una vez que te da ya no se te quita. Se vuelve crónica. Es tratable, pero no se puede curar. Por eso siempre estoy súper atenta, tomando todas las precauciones necesarias para evitarla.

Como lo habíamos sospechado, esa noche no nos dejaron ir, así que nos tocó pasar la noche en el hospital. Y tal como había ocurrido la vez pasada, Toni dormía a pata hincha' en su camita al lado de la mía mientras yo andaba con los ojos totalmente abiertos, más despierta que un búho, en especial esa primera noche... sí, primera porque estaba lejos de ser la única. Todavía necesitaba acostumbrarme a todos los ruidos del cuarto, los pitidos y zumbidos de las máquinas que me monitoreaban, las enfermeras que entraban y salían a lo largo de la noche para hacerme las revisiones necesarias y ni hablar cuando me daban ganas de hacer pis.

Durante toda la estadía en el hospital, cada vez que tenía que ir al baño, que eran muchas veces por noche por el embarazo, necesitaba la ayuda de Toni, que siempre se levantaba medio dormido pero con la mejor voluntad para llevar acabo aquella odisea. Me habían puesto unas medias de compresión en las piernas, así que primero me tenía que desconectar. Luego se trepaba sobre la cama, me echaba hacia adelante y me quitaba las ocho almohadas alrededor, que después me tenía que volver a poner, todo para ayudarme a salir de la cama, que entre la barrigota y los cables era un esfuerzo bien incómodo. Después tocaba agarrar con cuidado el suero y todos los cables y caminar hasta el baño. Una vez dentro de este, comenzaba la segunda parte del gran empeño: orinar. La mano que yo estaba acostumbrada a usar, ahora la tenía atada al suero, así que entre eso y mi mega panza, se me hacía prácticamente imposible limpiarme. Realmente no lo podía hacer sola.

Siempre había tratado de mantener una cierta privacidad, individualidad e independencia dentro de mi relación. Me había tenido que acostumbrar a los ataques de eructos que me había dado durante el embarazo, cosa que me resultaba incómodo hacer frente a Toni, pero no podía controlar. Pero ahora me sentía totalmente expuesta. En esos días en el hospital, no sólo me ayudó bañándome, secándome, poniéndome crema, sino también le tocó limpiarme cuando iba al baño. Lo que más quería en ese instante era a mi mamá. Con ella me hubiese sido más fácil pasar aquel momento. A fin de cuentas, la mamá por su hijo hace cualquier cosa, y es la persona que te conoce y te ha limpiado de todo durante esos primeros años de tu vida. Pero la mía ya no estaba más. La persona presente a mi lado era Toni, así que no me quedó otra que bajar aquella guardia de privacidad, pudor y pena y aceptar su ayuda con aquella situación tan vulnerable e íntima.

Todo lo que hizo y hace Toni por mí sólo me confirma que sin duda este es el hombre con quien quiero estar. Me siento afortunada y agradecida de tenerlo a mi lado porque sé muy bien que no hay muchos como él en este mundo, alguien tan entregado a su pareja y a su familia. Hoy sé más que nunca que estoy con el hombre correcto. Toni es en persona lo que siempre quise de una pareja y lo único que logra con todas sus acciones bondadosas y detallistas es enamorarme cada día más y más.

Al día siguiente, vinieron a revisarme como de rutina y yo ya estaba haciendo planes mentales de lo que haríamos al salir del hospital. Pensé que me dirían que me podía volver a mi casa, pero no fue así. El líquido seguía demasiado bajo, por lo que dijeron que me tenía que quedar otro día más. Muy bien, un día y una noche más en el hospital no era para tanto. Me imaginé que al día siguiente amanecería con todo regulado.

En la revisión del miércoles, notaron una leve mejoría. El líquido había subido un poquito, pero no lo suficiente para darme de alta, así que el doctor pidió que me quedara otro día más. Al llegar el jueves, el bendito líquido volvió a bajar porque se me infiltró la vena. La mano la tenía hinchada y aquella vena se dio por vencida, por lo que tuvieron que buscar otro lugar en el brazo para ponerme el suero, mantenerme hidratada y continuar nivelando el líquido amniótico, pero no había demasiadas opciones. Finalmente optaron por la que sería la más conveniente dadas las circunstancias, sin embargo, jamás me hubiera imaginado que volvería a escuchar ese término y que volverían a necesitar lo mismo dadas las circunstancias tan diferentes. Me dijeron que me iban a poner un PICC line, un tubo largo y delgado que se inserta a través de una vena del brazo para alcanzar una vena más grande cerca del corazón, un tubo que conocía bien porque me lo habían puesto años antes cuando me operaron del segundo seno y me dio estafilococo dorado resistente a la meticilina (MRSA, por sus siglas en inglés). Otra vez el bendito PICC line, otra vez en el mismo brazo. A esta altura todavía no sabíamos bien cuántos días más tendría que pasar en el hospital, así que comprendo por qué tomaron la decisión. Tener esta línea permanente, este acceso constante a una vena, evitaba tener que seguir buscando venas más chicas en el mismo brazo, donde ya se me había hinchado la mano.

Llegó el médico y me cubrió con una sábana verde dejando sólo mi brazo izquierdo visible. Estaban por comenzar el procedimiento con el cual ya estaba familiarizada, pero había una gran diferencia: como ahora estaba embarazada, me lo tenían que colocar ¡sin anestesia! Bien chulo... Sabiendo esto, miré para el otro lado, como hacía siempre cuando se trataba de alguna aguja o corte, ya que verlo no me hacía nada bien, y comencé a respirar profundo. Esta fue una de las ocasiones en las que me sirvió muchísimo la técnica de respiración y relajación que había aprendido a lo largo de mi tiempo haciendo yoga. Sabía que si me aguantaba la respiración, mi cuerpo se iba a tensionar e iba a sentir todo el triple. Tenía que respirar profundo, dejar fluir el aire y esperar que pasara todo lo más rápido posible. Mientras me abrían el huequito en la parte superior del brazo con un bisturí para colocar el PICC line, hice todo lo que pude para mantenerme enfocada en mi respiración y no pensar en lo que estaba sintiendo y en lo que el médico estaba haciendo. Puse en uso todas las cosas que he aprendido en las lecciones de vida que me han tocado en el camino y que sirven en los momentos menos esperados, como este. El doctor me fue explicando cada paso, lo cual me gustaba, ya que quería saber lo que estaba haciendo, pero continué mirando para el otro lado. Siempre he dicho que mientras yo no vea, me porto bien. Una vez abierto el huequito, me buscaron la vena adecuada en el monitor, y con la ayuda de una gran aguja, insertaron el tubo. Entretanto, Toni me tenía agarrada de la mano y de tanto sobarle y apretarle la mano, casi lo dejo sin brazo. Sin embargo, siendo de lágrima fácil, durante aquella media hora no se me salió ni una. Lo único que quería era que terminaran de una vez y pasáramos a otra cosa. La zona del PICC line me quedó sensible por un rato, pero definitivamente terminó siendo mucho más cómodo que las otras alternativas ya exploradas en la mano. Lo peor dentro de este procedimiento ya había pasado. Ahora a continuar la espera.

Todos los días parecía haber una novedad. Hubo dos o tres días en aquella semana donde el líquido amniótico estuvo bien y todo parecía estar estable, lo cual me llenó de esperanza, ya que yo realmente pensaba que en algún momento me iban a dar de alta e iba a poder regresar a mi casita e irme a trabajar. Es más, el médico que se encargaba de los ultrasonidos para revisar el nivel del líquido amniótico dijo que posiblemente podrían mandarme a mi casa y yo me podría seguir hidratando allí. Buenísima esa opción, pero no tendríamos cómo monitorear el nivel del líquido. ¿Qué pasaba si no llegaba a tener suficiente hidratación y sin darnos cuenta me volvían a bajar los niveles? Esa posibilidad nos inquietaba.

En todo caso, el doctor ya había tomado una decisión. Insistió en mantenerme en el hospital porque ya todos sabían que si me dejaban ir a casa, iba a retomar mi vida, iba a volver al trabajo, a bailar, a hacer mil y una locuras, porque yo en realidad me sentía bien y me parecía aburridísimo pasar tantos días en el hospital cuando en realidad tenía energía y salud para hacer todas las cositas que quería terminar antes de que llegara mi hija. Pero, a su vez, yo tenía clarísimo que lo más importante en realidad era la salud de mi bebé. No podíamos arriesgar que el líquido amniótico volviera a bajar a esta altura del partido.

El nivel de líquido amniótico hay que tenerlo muy en cuenta porque tiene funciones importantísimas para el desarrollo saludable del bebé que uno lleva dentro. Sirve como un especie de acolchado y lo protege de traumas que pueden ocurrir si la madre, por ejemplo, se cayera. Protege al bebé de infecciones. Permite que el cordón umbilical flote en vez de quedar prensado, cosa que reduciría el nivel de oxígeno que le llega al bebé. Ayuda al desarrollo del sistema digestivo y respiratorio del bebé, así como el desarrollo de sus músculos y huesos al permitir que se pueda mover libremente. Y, como si fuera poco, mantiene una temperatura constante en la matriz. ¿Quién hubiera dicho que un solo líquido podría tener tantas funciones? El cuerpo humano realmente es increíble.

Para volver a las probabilidades, según el March of Dimes, el cuatro por ciento de las mujeres atravesando su tercer trimestre embarazo sufren de "oligohidramnios", en otras palabras, un bajo nivel de líquido amniótico. Yo me encontraba ahora dentro de ese cuatro por ciento. Lo normal es que el líquido gradualmente disminuya después de la semana treinta y seis, mientras el cuerpo se prepara para dar a luz, pero en mi caso los niveles comenzaron a bajar antes de tiempo, y se encontraron muy por debajo de lo normal. Nunca supe bien cuál fue la razón en mi caso. Hasta los expertos a menudo tampoco logran determinar la causa exacta. Puede pasar por una ruptura en la membrana amniótica, lo que causaría una pérdida vaginal del líquido, puede ser por problemas con la placenta o condiciones médicas de la embarazada. También me habían comentado que podría ser por falta de hidratación.

Hasta no quedar embarazada, nunca supe que se recomendaba que las mujeres embarazadas tomaran al menos un galón de agua al día, como si no tuvieras ya suficientes ganas para ir al baño a través del día. Pero eso es lo que se dice es lo ideal para mantenerte hidratada y que el nivel del líquido amniótico se encuentre bien. Sin embargo, en la práctica, en el día a día, a veces se vuelve más difícil de lo que uno espera. En el show en vivo yo podía tomarme a lo mejor una botellita de ocho onzas de agua, pero también tenía que tener en cuenta que el programa se hace en vivo y cada ida al baño tomaba cierto tiempo. Iba y volvía lo más rápido posible y a veces llegaba justo para comenzar el siguiente segmento, y me olvidaba de tomar más agua. Luego salía a hacer todas las diligencias chulas que me buscaba para hacer, y volaba el día y había veces que no llegaba a tomar la suficiente cantidad de agua recomendada. No sé si esto afectó la situación o no. Uno hace todo lo posible para cumplir con las miles de recomendaciones que te caen encima al estar embarazada y espera lo mejor.

Mi doctor no sólo no quería dejarme ir a casa por miedo a que estuviera demasiado activa, sino que también prefería mantenerme cerca para poder seguir observándome y que juntos viéramos qué decisiones íbamos tomando. Creo que para ese momento, él ya sabía que muy probablemente no llegaría a las cuarenta semanas, pero también sabía que nuestro plan siempre había sido tener un parto natural, así que quería saber cómo continuaba mi caso para ver cuál sería el mejor camino para nosotros.

Toni se quedó conmigo todos esos días que estuve internada, durmiendo en mi cuarto en una camita aparte, todas y cada una de las noches. Canceló casi todas sus clases y no se movió de mi lado. Quería estar cerca para apoyarme, darme amor, y no quería arriesgar por nada perderse el momento en que naciera nuestra hija. También estuvo muy presente en casi todas las citas médicas durante el embarazo. Si no fue a alguna que otra, era sólo porque tenía trabajo, pero del resto, estaba siempre firme a mi lado, compartiendo el mismo entusiasmo y la alegría rebosante.

Al pasar los días, los monitores conectados a mi cuerpo me comenzaron a molestar mucho porque me daban alergia. Tengo la piel muy sensible, por lo que el gel, la banda, todas las partes del monitor que me conectaban al cuerpo me causaban un especie de brote en la piel. La primera media hora me lo aguantaba, pero después al entrar en la segunda mitad de la hora, me empezaba a picar y me desesperaba. Tenía unas ganas frenéticas de rascarme, pero hacía lo posible para no hacerlo. "No te rasques, que te vas a sacar estrías", me recordaban todos cuando veían que las manos estaban por atacar mi piel. Lo que más quería era rascarme como un oso contra un árbol. Pero bueno, como siempre, respiraba profundo y finalmente el desespero y la picazón pasaba. Me tocaba el monitoreo tres veces por día y a veces la noche entera, por lo que aquella sensación era algo casi constante de cada día. Agradable no fue, eso seguro.

Entre el cansancio, el picor, la desesperación, la incomodidad, la panza y la comida desabrida del hospital mi agobio estaba llegando a su pico máximo. La comida del hospital en realidad era decente, pero me habían detectado diabetes gestacional, por lo que la comida que mandaban a mi cuarto venía sin sal, sin azúcar, todo soso, sin nada. Tenía varias opciones en la lista que me dieron de cosas que podía pedir, pero ninguna me apetecía.

Esa semana internada me pareció eterna. Estaba incómoda y aburridísima, por lo que terminé agradecidísima por todas las visitas y distracciones. Seguía con la gran esperanza de que me dejarían salir, de que al día siguiente ya me darían de alta y me mandarían a mi casita, pero ese día no parecía llegar. El miércoles, al darme cuenta de que seguiría estancada en aquel cuarto, llamé a mi peluquero. Antes de internarme, había hecho una cita con él para que el jueves me hiciera los rayitos del pelo. En vez de decirle que tenía que cancelar la cita, le pregunté si se animaba a venir al hospital a hacerme el pelo allí. "¿En serio?", me contestó incrédulo. Sí, claro que era en serio. Necesitaba algo que me distrajera de esta larga espera, y qué mejor que hacer algo que me hiciera sentir bonita. Eso siempre te levanta el ánimo.

Pedimos permiso en el hospital y así fue que poco a poco fuimos convirtiendo ese cuarto en un hogar. Mi querido peluquero usó el lavamanos del baño para lavarme el pelo, luego, con la ayuda de Toni, me di un baño. Me recortó, me hizo los rayitos, y mientras tanto las enfermeras entraban a cada rato y decían: "Oye, ¿no me pueden hacer algo a mí también?". Risas y relajo jamás faltaron durante esos días largos de espera. Dentro de todo, la pasamos bien, siempre buscándole la vuelta positiva a todo. Finalmente me secó el pelo y sentí que me dio otro aire. Fue muy lindo momento y lo necesitaba. Habían pasado tres días, y la verdad que no pensé que todavía me quedaría más de una semana en aquel lugar.

Cuando llegó el fin de semana, mis hermanos ya habían comprado todos sus boletos para venir porque el doctor no estaba seguro cuánto más podía durar sin dar a luz. Él quería hacer todo lo posible para que llegara a la semana treinta y siete para así no tener un parto prematuro, que es lo que se considera cuando el bebé nace antes de la semana treinta y siete. Me vigilaba el líquido amniótico y hasta tenía la esperanza de pasar las treinta y siete semanas y esperar un poquito más, pero finalmente nos dijo que induciría el parto al cumplir esa semana treinta y siete, que era el martes 3 de marzo, de la semana entrante. Lo cual significaba que ese martes, muy probablemente, tendría a Alaïa en mis brazos.

Sabiendo ahora que el parto sería inducido en unos pocos días, antes de que llegara nuestra familia al hospital, le recordé a Toni: "Estas van a ser nuestras últimas noches tú y yo solos antes de que llegue Alaïa". Me encantaba la idea de disfrutar en familia las visitas del día, pero al llegar la noche, lo que le pedí a él y a todos es que nos dejaran solos. Quería que él y yo tuviéramos el espacio para disfrutar del final de esta etapa de nuestra relación, de darle el mejor cierre, para así comenzar la que estaba por venir unidos y felices. Luego, esas primeras noches como padres, también las quisimos pasar solos. Lo decidimos así porque lo veíamos como noches que realmente definirían el comienzo de este nuevo núcleo familiar, de nuestra dinámica. Nosotros dos solos al final de una etapa y nosotros tres solos al comienzo de la siguiente, eso era lo que visualizábamos sería lo mejor. Era importante para mí ver cómo nos desenvolvíamos esas últimas noches juntos y esas primeras noches con la bebé.

Este pedido también marcaba un cambio importante para mí, a nivel muy personal. Antes, cuando pasé por mi cáncer, por la quimioterapia, sintiéndome como un trapito, igual hacía lo que todos quisieran para complacer a los demás, para evitar confrontaciones, dejando de lado lo que yo deseaba o necesitaba. De todo se aprende en la vida, si uno está dispuesto y abierto a hacerlo. En los años que siguieron, dentro de los cambios que hice para crecer, encontré mi voz. Aprendí que podía hablar y decir lo que deseaba sin necesidad de ofender a nadie. Y así fue que esta vez me animé a expresarle mi deseo a Toni y, al estar de acuerdo, también me animé a pedirle a mi familia y a la de Toni que nos dejaran solos en la noche y luego nos ayudaran durante el día porque era eso lo que yo sentía que nos haría bien a nosotros. Todos estuvieron de acuerdo, nadie se ofendió, no hubo ningún tipo de choque, porque expresándose y hablando se entiende la gente. Y fue la mejor decisión que podríamos haber tomado.

Entretanto, me empecé a preocupar por mis días de maternidad. Pensaba que si ya me los habían empezado a contar, eran días perdidos que no tendría con mi hija. Me angustiaba mucho, porque esos días los tenía contados hasta el último minuto, porque quería pasar hasta el último segundo compartiéndolo con mi hija. Estar en un hospital sólo para monitorearme me enojaba un poco porque me parecía una pérdida de tiempo extremadamente valioso. No podía dejar de pensar: "Si no me van a hacer nada, déjenme ir a mi casa, yo me voy a trabajar, y así no gasto los días sin mi hija y comienzo los días de maternidad cuando ella nazca". Cuando ya estaba a punto de desesperarme por el asunto, me avisó el doctor que el martes siguiente me induciría, así que ahí me relajé y decidí disfrutar lo que quedaba de ese tiempo en familia.

Ese fin de semana fueron llegando nuestras familias y finalmente estábamos todos unidos otra vez, en otro cuarto de hospital, pero esta vez por la razón más alegre de mi vida: ¡la llegada de mi hija! Ahí, junto con Adilsa, Adaline, Adalberto, Adilmarie, mi suegra, la pareja de mi hermano, el esposo de mi sobrina y algunas amistades más lo que hicimos fue entretenernos y gozar. Aprovechamos el tiempo que quedaba para decorar bien el cuarto. Pusimos una flores de papel en las paredes, me trajeron un edredón y más almohadas de casa. En fin, todos los detallitos que necesitaba para sentir que no estaba en el hospital, sino en casa.

En realidad, con nuestras familias, pasarla bien es prácticamente una garantía. Al final lo que se armó en ese cuarto de hospital fue tremenda fiesta. Jugamos bingo y dominó. Pasábamos el día acampando todos en el mismo cuarto y de repente de aburrido pasaba a divertido, en muchas ocasiones por las imitaciones de Toni. Ya la convivencia de tantos días eternos en el hospital le habían dado toda la munición necesaria para imitarme, cada paso, cada expresión, cada cara. Un día, entró al cuarto con una bata de hospital y una almohada como barriga, haciéndose pasar por mí. "¡Tráeme hielo! ¡Tráeme agua!", decía en son de queja el condenado, imitándome. Se acostó en la cama lentamente, arreglando almohadas, como lo hacía yo, ¡y me dio un ataque de risa que me sacó las lágrimas! Estábamos todos destornillándonos de la risa, aún más porque todo lo que hacía no era exagerado, era tal cual como yo estaba actuando esos días, que ya no aguantaba más. Y siguió diciendo: "Ay, Dios mío, qué incómodo, seguimos aquí, ya me quiero ir. Esto está difícil. Me pesa la barriga, me pican los cables, tráeme agua, pero agua con hielo, no pero el hielo aparte, y más agua, llévame al baño, ponme una almohada atrás, así estoy incómoda, en el otro lado, sí, así". No podíamos más de la risa. Cuando creíamos que había pasado, decía algo más y volvíamos a explotar. Es que tenía razón en descargarme así. La realidad era que cuando ya me había ayudado y consentido en todo y se estaba yendo a acostar a su camita en el cuarto, de repente me daban ganas de ir al baño y le decía: "Me meo", y otra vez volvíamos a lo mismo. Desconéctame, llévame al baño, ayúdame, acuéstame. Así fueron pasando los días, entre quejas y risas, aunque siempre más risas que quejas.

Mientras esperábamos que llegase el martes, le pregunté a mi médico cuántas personas se podían quedar en el cuarto durante el parto. Sabíamos que si terminaba siendo una cesárea, sería diferente porque en una sala de operaciones no podían entrar todos, por eso deseábamos que fuera natural. Queríamos que todos los que estaban allí con nosotros pudiesen presenciar la llegada de Alaïa, queríamos recibirla con la algarabía alegre que nos caracteriza. Ese era el plan.

Finalmente, después de esa gran espera que no parecía terminarse, llegó el martes 3 de marzo, el día en que me inducirían el parto. Todo empezó como a las seis de la tarde. El doctor vino, me puso una pastillita muy pequeñita vaginalmente hasta el cérvix, que en ese momento se encontraba duro, pero tenía que llegar a ponerse blandito para poder abrirle paso a que saliera la bebé. En ese momento permanecieron todos en el cuarto: Adilsa; Adaline; Adalberto y David; Adilmarie; Carmen, mi suegra; una amiga que nos ha ayudado un montón a mí y a Toni Laura y Toni, quien estaba a mi lado.

Después de insertarme aquella pastillita, me pidieron que no me moviera por las siguientes dos horas, menos que menos ir al baño. No es que no lo podía hacer, pero lo mejor era evitarlo para darle tiempo a que la pastilla se disolviera y mi cuerpo lo absorbiera bien. Si me levantaba o iba al baño, corría el riesgo de botarla. En realidad, fue fácil. Me organicé para ir al baño antes de que me colocaran la pastilla y al cumplir las dos, volví a ir. En el ínterin, no podía comer ni tomar nada, sólo podía morder hielo, si lo necesitaba. Igual a esa altura, ya ni podía pensar en comida ni agua ni hielo, porque los dolores de aquellas primeras contracciones me vaciaron la mente. La pastilla había surtido efecto.

Con cada contracción que me daba, yo respiraba profundo, como había aprendido en yoga. Lo gracioso es que mientras practicaba mi técnica de respiración profunda, tenía a mi querida suegra, Carmen, sentadita a mi lado brindándome amor y apoyo, y respirándome en la cara para mostrarme cómo debía hacer para aliviar la contracción. ¡Parecíamos un sketch de comedia! Mientras yo inhalaba y exhalaba lentamente, Carmen me miraba fijo, inhalando y dejando salir dos exhalaciones cortitas. ¡Era como si estuviera de parto ella! Tan bella. Claro, quería aliviarme el dolor, pero en este instante no hay nada que nadie pueda hacer, excepto la enfermera o el anestesiólogo. Antes de comenzar el proceso de inducción, me había dicho que si los dolores se volvían demasiado fuertes, y quería que me dieran la epidural, lo único que debía hacer era avisarles.

Entretanto, mi sobrina y mi hermano filmaban todo para así tenerlo documentado y como recuerdo. Éramos tantos en el cuarto, que mi médico entraba a cada rato algo preocupado y me recomendaba que descansara, viendo que la fiesta que teníamos armada en ese cuarto no parecía estar terminando. Pero yo le terminé explicando que eso me hacía bien. Eso era lo que yo necesitaba, estar rodeada de mis seres queridos, escuchar sus voces y sentir su amor mientras cerraba los ojos y aguantaba la siguiente ola de dolor con cada contracción.

Ahora me tocaba esperar que pasaran seis horas, que era cuando el doctor vendría a colocarme la segunda pastilla. Durante las primeras dos horas estuve bien, empecé a sentir contracciones pero nada del otro mundo. Durante las siguientes dos horas, las contracciones empezaron a aumentar, y para la quinta hora ya comenzaron a ser aún más fuertes y demasiado seguidas, lo cual no era bueno para la bebé, por lo que me tuvieron que poner una inyección para espaciarlas un poco.

Al cumplir las seis horas, mi médico volvió a insertarme la otra pastilla, y para buscar el lado positivo de aquel momento bien incómodo, bromeando le dije: "Tenga cuidado que a lo mejor me gusta la dirección que me va a dar". Me estaba refiriendo al chiste en el que una mujer va al ginecólogo y mientras le está haciendo el examen, le está dando direcciones a otro, apuntando con el dedo que está usando para el examen. "Usted siga derecho, tome el redondel, gire a la derecha". Cuando cuelga, la paciente le dice: "Oiga, me puede repetir la dirección?". Soltamos una buena carcajada en un momento necesario. Después le dije a Toni, o más bien lo amenacé: "Si tú me llegas a hacer lo que me está haciendo el doctor, yo te metería esa clase de puño...", ¡porque en ese momento lo que yo sentía era que su mano me llegaba hasta la garganta!

Después de la segunda pastilla, las contracciones siguieron incrementando y la fuerza con la que venían, pues ni hablar. Literalmente me dejaban sin palabras. Fue entonces que me explicaron que dentro de la labor de parto me podían insertar hasta tres de esas pastillas, y luego aún podían pasar hasta veinticuatro horas antes de dar a luz. La verdad es que yo no estaba segura de cómo haría para aguantar tanto tiempo, porque pasando las ocho horas, el dolor se había vuelto bastante más intenso. Habíamos comenzado a las seis de la tarde, ya eran las tres y pico de la mañana y las contracciones sólo se volvían más y más fuertes. Ya estaba llegando a mi punto límite, así que finalmente decidí pedirle a la enfermera la epidural. Había llegado el momento. Aguanté lo que machamente pude aguantar, que fue bastante: ocho horas, con la ayuda de dos inyecciones para espaciar las contracciones. Ahora quería sentir alivio, al menos un poquito.

Entró al cuarto el anestesiólogo a explicarme lo que iba a ocurrir, y me encantó porque me contó todo con lujo de detalles, paciencia y amabilidad. Realmente todas las atenciones que recibí durante mi estadía en aquel hospital fueron muy buenas, no me puedo quejar de ninguna, de nadie. Y en el aspecto médico, fue maravilloso.

Una vez que me había explicado todo, puso manos a la obra. Primero le pidió a todos que salieran del cuarto, porque es un proceso muy delicado, preciso y se necesita paz y concentración para llevarlo a cabo de la manera correcta. Seguían todos en el hospital, excepto Adalberto y David, quienes se habían ido a la casa como a la una y media de la mañana a descansar, vestidos y listos para salir enseguida si recibían la llamada para regresar, la cual les llegó unas horas más tarde. El que sí se quedo a mi lado, como siempre, fue Toni.

Entonces, el anestesiólogo me posicionó y me pidió que me

quedara lo más quieta posible. Durante cada paso siguiente me explicó claramente cuándo sentiría presión o ardor, y me recordaba que debía quedarme quieta, que no me moviera, que respirara profundo. Hasta me daba alguna palabra de aliento para tranquilizarme.

Todo salió bien con la epidural, salvo Toni, que acabó mareado y casi en el suelo. Veníamos de diez días de estar en el hospital, cansados, sin dormir bien, era de madrugada. Yo estaba sentada de espaldas al doctor, mientras Toni permaneció frente a él, viendo absolutamente todo. Quién sabe si fue el cansancio o el agobio. El anestesiólogo me buscó el punto justo, era todo tan preciso y delicado que se sentía la tensión en el ambiente, y punzó mi piel con la aguja. Ese fue el momento culminante para Toni. Al ver toda la sangre que se escurría por mi espalda, sangre que el anestesiólogo limpiaba tranquilamente, acostumbrado a los pasos de este procedimiento, al ver el tamaño de la aguja, Toni se comenzó a sentir raro. Sintió que el calor le subía por el cuerpo, comenzó a ver estrellitas y se dio cuenta de que se estaba mareando. Luchó con toda su fuerza para no caer al piso, y cuando se dio cuenta de que quizá no iba a ganar esa batalla, le pidió a la enfermera que me agarrara la mano y se fue en busca de una Coca-Cola para ver si el azúcar lo nivelaba. El doctor le preguntó si estaba bien, y dijo que no, pero que no nos preocupáramos, que ya volvía. Afuera, una enfermera le dio alcohol para oler, mientras él sudaba frío. Entretanto, lo único que se le cruzaba por la mente era: "Si esto es lo que me ha pasado ahora, ¡luego en el parto qué me va a pasar!".

Después de recibir la epidural, me quedé sentadita, encorvada hacia adelante, con la cabeza hacia abajo, como me había indicado el anestesiólogo. Me comentó que poco a poco sentiría menos las contracciones. Efectivamente, fue un alivio gradual, no inmediato, como tantas veces me lo había imaginado. Luego, entraron las enfermeras y me acostaron en la cama hacia un lado, y algo pasó. De pronto a la bebé le comenzaron a bajar los latidos del corazón, y paso seguido a mí también.

Permanecí totalmente consciente. Me pusieron oxígeno y mandaron llamar a mi doctor, que se había quedado de guardia para estar pendiente de mi caso y disponible por cualquier cosa. Cuando entró, me dijo que le parecía que no debíamos esperar más; que era hora de actuar. Claro, eso significaba que no tendría mi parto natural sino cesárea. Siempre amable y tomando en cuenta lo que deseaba, me preguntó qué quería hacer. Lo miré y le dije que yo no era la doctora, que el doctor era él y yo confiaba que haría lo correcto. Me volvió a preguntar qué quería hacer yo, y le respondí: "Yo quiero que esté bien. Quiero que la bebé esté bien y que todo salga bien. Si usted entiende que podemos esperar veinticuatro horas hasta que dilate del todo, pues ahí vamos, pero si usted entiende que no, y que es mejor una cesárea, entonces hacemos eso. Lo que usted diga". Dada la situación, llegamos a la conclusión de que por más que habíamos deseado que fuera un parto natural, la cesárea era el mejor camino para evitar cualquier complicación.

Ni bien tomamos la decisión, el equipo médico se puso a trabajar. Enseguida me cambiaron de la cama a la camilla. Yo les preguntaba si me iba a doler, olvidando que ya me habían puesto la epidural. Fue todo muy rápido. Lo que sí recuerdo claramente es la emoción que sentía de saber que había llegado este momento anhelado, un momento que tan sólo nueve meses antes pensé que quizás no sería posible.

No recuerdo bien el instante en que me pasaron a la camilla a la que estaba en la sala de operaciones, pero sí recuerdo que el cuerpo me temblaba del pecho para arriba de una manera incontrolable. Nunca había experimentado algo así antes. Era como cuando uno baila y menea los hombros. Me explicaron que era un efecto secundario de la epidural, que te puede dar una temblequera. Al prepararme para la operación, me estiraron los brazos hacia los costados de mi cuerpo, como si fuera en forma de cruz, y recostaron sobre unas extensiones de la camilla, mientras yo me meneaba como si fuese una rumbera. Estaba totalmente fuera de mi control, lo cual me asustó un poquito, pero me continuaron calmando, diciéndome que era totalmente normal y que no me preocupara. Lo más importante era confirmar que de ahí para abajo no sentía nada, lo cual era el caso. Luego, me cubrieron los brazos con unos paños calentitos y deliciosos, y me pidieron que me quedara lo más quieta posible. Los paños ayudaron un montón, finalmente sentí que la parte de arriba de mi cuerpo logró relajarse un poco.

Entretanto, al calmar esta temblequera, mi atención se enfocó en un olor a quemado en el aire, pero no sabía bien qué era, ya que no veía nada de mi pecho para abajo por la sábana que habían puesto como separador entre esas dos partes de mi cuerpo. En eso vi que entraron Adilmarie y Toni. Momentos antes habían estado en otra sala preparándose para el gran evento. Habíamos conseguido un permiso para que dejaran entrar a Adilmarie, ya que en general en una sala de operaciones sólo dejan entrar a una persona.

Se habían puesto las cámaras GoPro en las cabezas, las habían probado y tenían todo listo y montado para filmar cada ángulo de la llegada al mundo de Alaïa. Sin embargo, a los segundos de entrar, los médicos les dijeron que por favor apagaran las cámaras. No se permitía filmar en la sala de operaciones, sólo tomar fotos. El plan habría funcionado bien si hubiera sido parto natural, pero al ser cesárea hubo que acudir al plan B, tomar muchas fotos. Toni también trajo su computadora, ya que habíamos hecho un playlist para el nacimiento de nuestra niña. Elegimos incluir las canciones que le habíamos puesto a ella mientras se iba desarrollando en mi vientre y otras que nos gustaban a nosotros, como algunas cristianas y "Yo te esperaba", de Alejandra Guzmán, la cual le compuso a su hija cuando nació. También incluimos "Mirando al cielo", la canción que compuso el amigo de Toni para la bebé, la que Toni puso en el baby shower de sorpresa.

Ahora con Toni en la sala, mi emoción escaló. No veía la hora de tener a mi hija en brazos. Recuerdo que Toni en algún momento comentó algo sobre la impresión de ver lo que estaban haciendo los médicos. Como hace un ratito se había mareado con la epidural, yo le respondí un poco preocupada: "Si no puedes ver, no mires". Lo último que quería era que se fuera a caer desmayado en ese momento, porque de pronto pasaría a ser el paciente y se perdería la llegada de su hija. Pero para ese entonces, a pesar de estar observando algo mucho más fuerte que la epidural, estaba tranquilo y entero, brindándome esa presencia serena que tanto bien me hace en momentos como esos.

Los médicos continuaron abriendo mi panza y estirando la piel para poder sacar a nuestra hija de mis adentros. Pero claro, en ese momento lo único que nos importaba era ver a nuestra niña salir bien. Era un ambiente único, se respiraba esperanza y felicidad. Sabíamos que en segundos estaría nuestra hija con nosotros.

Gracias a la epidural, yo no sentí nada de lo que estaban haciendo con mi cuerpo en ese momento, pero, ¡ay mi madre, nadie te dice la ola de dolor que llega luego! Estábamos en medio de todo eso, con Adilmarie sacando cuanta foto podía, ya que cámaras de fotos sí permitían, cuando uno de los doctores de pronto dijo bien fuerte: *"Baby Alaïa is coming!"*. Ya estaba por llegar mi hija. En ese momento me palpitó el alma, ¡lo que más quería era subir la cabeza y ver la salida al mundo de mi niña! Pero me quedé quietecita, esperando, sonriendo, sonriendo, sonriendo. No podía creer que este milagro estuviera por volverse tangible. Y en eso, oí el llanto de mi hija, el comienzo de su vida fuera de la barriga y ahora a mi lado. Y pensé: "Está todo bien". Creo que ningún otro de sus llantos me brindará esa emoción, esa felicidad, como ese primer lloriqueo de vida. Mi cara era pura sonrisa y lágrimas, la de Toni también: madre, padre e hija unidos por el llanto de vida y el amor incondicional.

En aquellos días que cambiaron nuestra vida para siempre, Toni se tomó un tiempito todas las noches para tomar nota de sus sensaciones y observaciones. Quiero compartir un pedacito aquí para poder plasmar la experiencia completa de esta nueva familia en estas páginas. Así vivió él la llegada de nuestra hija, así se lo escribió a ella:

Martes 3 de marzo de 2015
Empiezan a inducir, sentíamos nervios pero ilusión a la vez,
porque ya se respiraba tu presencia en el ambiente, esto

quería decir que en unas horas nacías, para así cambiar
nuestras vidas para siempre, pero aún no éramos
conscientes. Las horas pasaban en compañía de la familia,
comiendo, viendo televisión, hablando y bromeando para
hacer más entretenido el momento, iba a ser una noche
larga pero las más especial de nuestras vidas.

Miércoles 4 de marzo de 2015
Pasadas ya ocho horas con el dolor controlado y esperando
una dilatación que no iba a llegar, el doctor decide que
tienes que salir ya, no esperar más ya que tus latidos estaban
bajando, y lo mejor era reaccionar e irnos al quirófano.
Serían pasadas las cuatro de la mañana cuando nos
dirigíamos a recibirte, acompañando a tu mamá hacia la
sala de operaciones nos separaron a tu prima Adilmarie y a
mí y nos dirigieron a otra sala para poder cambiarnos de
ropa y prepararnos para entrar con tu mamá al quirófano.

Los minutos pasan y yo nervioso y ansioso por entrar
junto a tu madre, estar a su lado en esos momentos tan
únicos, especiales e irrepetibles, y recibirte juntos. Y por fin
vienen a buscarnos para llevarnos dentro de la sala de
operaciones donde ya habían empezado a abrirse camino a
través de tu mamá para llegar a ti y poder sacarte. Con mi
Mac en mano, mi teléfono en el bolsillo para inmortalizar
cualquier momento, y tu prima Adilmarie con la cámara
lista para sacar cientos de fotos y videos para el recuerdo de
tan bonito momento, entramos en la sala de operaciones.

Lo primero que hice al llegar fue ir a ver a tu mamá

para saber cómo estaba, qué sentía, le pregunté si sentía dolor y me dijo que no, que sentía presión pero que la epidural estaba haciendo perfectamente su efecto. Acto seguido acomodé el Mac en una bandeja cercana y puse el playlist que había preparado horas antes, la música comenzaba y "Yo te esperaba" de Alejandra Guzmán empezó a sonar mezclándose con el sonido del quirófano, el ruido de las herramientas de los doctores, los "bip" del corazón de tu mamá y la dulce voz de ella cantando la canción que tanto le gusta. Se respiraba un ambiente tan único que no te lo podría describir, pero era pisar el paraíso, sentirse en una felicidad absoluta porque ya te sentíamos, ya sabíamos que estabas cerca, ya por fin te podríamos tocar, acariciar y besar. Nueve meses de espera y a tan sólo segundos de tenerte.

Permanecí junto a tu mamá en todo momento. Ella me hacía preguntas y yo le relataba lo que veía por encima de la sábana verde que hacía de muralla entre su cara y el resto de su cuerpo, impidiéndole ver. Yo no daba crédito a todo lo que estaba sucediendo, ver a los doctores cómo manipulaban su cuerpo, cortaban y abrían su vientre era algo impresionante.

La música seguía sonando y esta vez era el turno de "Mirando al cielo" de un buen amigo valenciano de tu papá, Carlos Simón. Esta canción fue especialmente compuesta para las dos, contando nuestra historia de lo tan deseada que eras. Algún día la escucharás entendiendo todo lo que dice.

Saliste de tu madre escuchando tu canción, "Mirando al cielo", esa canción que meses antes preparé con tanta emoción, y que fue el regalo sorpresa que le hice a tu mamá el 1 de febrero en el baby shower que hicimos celebrando tu pronta y ansiada llegada.

De repente entre fotos, caricias, palabras de amor y alegría escuchamos al doctor decir, "Alaïa is coming!", y en cuestión de segundos te sacaban del interior de tu madre, era un milagro, una maravilla de la vida y un espectáculo irrepetible para mis ojos. No hace falta cámara de fotos ni video, ya que lo tendré grabado en mí para siempre. Las lágrimas que empañaban mis ojos desde que supimos que íbamos al quirófano pasaron a ser gotas que salían sin parar. Nunca en mi vida sentí algo igual que al verte, era mágico, era maravilloso, era de esos momentos que las palabras no son capaces de describir lo que uno siente, y siento que será así por el resto de mi vida. Ya no había lugar para el sueño y el cansancio acumulado de esos días atrás en el hospital esperando ansioso tu llegada, por fin estabas a nuestro lado y nada de eso importaba, sino tú, nuestra pequeña y deseada hija que llegaba para hacernos sentir el más puro amor que una persona puede llegar a sentir.

Alaïa Costa-López nos bendijo con su anhelada presencia el 4 de marzo a las 4:45 de la mañana... la misma hora en que Papi me solía llamar para despertarme e ir a trabajar. Papi me la mandó para que me despertara, me envió un último llamado con su llegada, el mejor llamado de todos.

Entre lágrimas y risas, ya lo único que quería era verla, que me la trajeran, es un instinto de madre que te invade el cuerpo entero, prácticamente inexplicable. Pero primero la llevaron para otra camita, donde Toni le cortó el cordón umbilical. Entre las voces y el llanto de mi niña, escuchaba el clic de la cámara, que era Adilmarie tomando fotos y registrando este momento tan soñado. Yo volteaba mi cabeza para atrás, para tratar de alcanzar a ver a mi hija, ya que ellos ahora estaban en un rincón de la sala, detrás de mí. Cuando terminaron de hacerle esa primera revisión veloz y limpiarla un poquito, me la trajeron y me la pusieron sobre el pecho. Hasta ese momento, Alaïa no había abierto los ojos. Pero en el instante que la tuve conmigo, los abrió. Me regaló ese momento único, su primera mirada. Yo sentía que estaba flotando en el aire de alegría. Nos observamos, le veía el pelito con sangre, le observaba el cuerpito, la carita, la nariz, la boca, los ojos, las orejas, los dedos, y me pareció que era lo más bonito que había visto jamás. Mi sueño, mi deseo máximo, ese imposible que se volvió posible, ahora estaba en mis brazos. Nunca imaginé que el ser humano pudiera sentir tanta felicidad. Mi alma, mi corazón, todo mi ser, estaba colmado de alegría pura. El tiempo de Dios realmente es perfecto.

En eso, la enfermera me preguntó si quería hacer contacto piel a piel con mi niña. Pues claro, cómo no iba a querer sentir la piel de mi hija contra la mía. Así que me abrieron la bata y me la pusieron encima de mi pecho, de mi piel. Ella se quedó ahí, súper tranquilita, divina, fue un momento de paz total, increíblemente bonito y emocionante. Pura felicidad y amor. Encima, justo en ese momento tan único estaba sonando la canción que había compuesto el amigo de Toni. Había comenzado cuando sacaron a Alaïa de mi vientre.

Aquel momento realmente no podría haber sido más perfecto, era como de película.

Después de un ratito, la enfermera se llevó a Alaïa hacia otra parte del cuarto acompañada de Toni y Adilmarie. Entretanto, me cambiaron de camilla para poder transportarme a la sala de recuperación. Ubicaron mi camilla y luego pusieron la camita de Alaïa al lado. Una vez que nos instalaron en esta sala, me preguntaron a quién quería dejar entrar y ni dudé en responder: "A todos". Quería tener a toda mi familia ahí conmigo disfrutando y celebrando este momento tan soñado.

Entraron mis hermanos, mi suegra, todos lo que estuvieron ahí presentes en las horas que llevaron al nacimiento de mi hija. Es más, recuerdo que entraron, me saludaron así no más de lejos, y se fueron todos directo a Alaïa. La rodearon y la observaban fascinados, y yo los observaba a todos desde mi cama, feliz de poder presenciar aquel momento, y riéndome al darme cuenta que ninguno siquiera me vino a dar un abrazo. Adilmarie justo me había dado una de las GoPros, así que mientras los miraba, los filmaba, queriendo capturar ese momento tan único y emocionante. Mi suegra lloraba, mis hermanas también y yo andaba anonadada por el sueño hecho realidad. Por momentos dormitaba, pero cuando abría los ojos, sonreía al ver a mi hija junto con mi familia. Es una imagen que llevaré conmigo para siempre. Lo único que la podría haber hecho aún más perfecta hubiese sido tener a mis padres ahí también.

En ese momento estaba demasiado enfocada en mi alegría de tener a mi hija conmigo para darme cuenta de nada más, pero luego, cuando vi las fotos, cuando puse los videos, ahí sentí la ausencia de ambos de una manera profundísima. No pude sino recordar el parto de mi sobrina Adilmarie, de ambos partos, años atrás. En ambas ocasiones estuvimos todos, incluyendo mi papá y mi mamá. Para mí, la llegada de su hija Azul fue una de gran alegría y esperanza porque justo estaba atravesando por mi cáncer de seno. En esas fotos salgo sin pelito, porque justo había terminado la última ronda de quimioterapia y todavía me acosaban las secuelas de toda esa batería de medicamentos que me dieron para curarme. Pero los malestares que sentía eran superados por la felicidad de estar ahí todos juntos recibiendo a Azul.

Visualizar ese momento compartido con ella y mis padres me resulta reconfortante, ya que desafortunadamente no es un momento que me tocó vivir a mí cuando llegó al fin mi hijita a este mundo. Me hubiese encantado poder haber llegado a compartir un momento como aquel con mi hija y mis padres, tener una foto similar a aquellas, es algo que siempre extrañaré al ver las imágenes nuestras en el hospital. Pero al menos tengo ese recuerdo, y cuando extrañe esa foto que nunca llegaré a tener, podré visualizar la de aquel momento e imaginarme lo que hubiera sido si todavía hubiesen estado a mi lado. Sin embargo, ahora se me llenan los ojos de lágrimas al ver cómo ese amor que yo siento por Adilmarie y sus hijos —que desde que llegaron siempre los sentí como míos, porque fueron una luz de esperanza entre la oscuridad de mi cáncer y mi divorcio— ahora es recíproco. Ahora Adilmarie tiene la oportunidad de llenar de amor a mi hija, como si fuera de ella... un sueño que una vez se sintió tan lejano que emociona ver que ahora es una realidad.

Justamente con ese amor fue con el que Adilmarie cuidó de nosotras ese primer día de vida de Alaïa en el hospital, así como todos los que han seguido desde entonces. Pasamos unas horitas en la sala de recuperación y recordamos que había que llamar a la organización que preservaría el cordón umbilical de nuestra niña. Después de hacer las averiguaciones y consultas necesarias, Toni y yo habíamos decidido preservar el cordón umbilical de Alaïa por si en algún momento en el futuro se encontrara alguna cura para alguna enfermedad, o se necesitara ayudar a futuros hermanitos, ya que el cordón umbilical, la sangre y el tejido, sirven para posiblemente salvar vidas dentro de la familia. Pues ese fue otro momento más en el que entró Adilmarie a ayudarnos. Se encargó de llamar a la organización para que vinieran a buscar todo lo que había que recolectar y preservar. Otra vez una gran ayuda y un inmenso cuidado, lleno de amor.

De la sala de recuperación nos llevaron al cuarto y ahí nos instalamos todos a celebrar las primeras horas de vida de Alaïa como solíamos hacer todo, unidos en familia, con bromas y risas y amor. Pasaron amigos cercanos a visitarnos y conocer a la niña de nuestros ojos, pero con tanto medicamento, yo entraba y salía de la realidad y hay personas que me dicen que pasaron a visitarme y realmente no lo logro recordar. Lo que sí recuerdo era el ambiente alegre, el alivio de ya tenerla con nosotros y de que hubiera salido todo bien, la felicidad genuina que se respiraba en el aire.

No obstante, de pronto, en algún momento de aquella mañana, me levanté con mucha náusea, mucho deseo de vomitar. No había comido nada o sea que, en realidad, no tenía nada para vomitar, pero el malestar era avasallador. Fue tal la sensación que en el transcurso del día preferí no comer nada por miedo a que me hiciera vomitar. Lo traté de controlar todo lo que pude, porque con cada arcada sentía un dolor punzante en la zona de la cesárea. Si eso pasaba sólo con una arcada, ni me quería imaginar con un vómito. Pues, no me lo tuve que imaginar, porque al final pasó. Vomité un par de veces ese día y el dolor fue tremendo, pero luego a la tardecita me sentí un poquito mejor. La verdad es que físicamente fue un día bien incómodo con la combinación del dolor de la herida y esa náusea constante. No había sentido este tipo de náusea desde mis operaciones por el cáncer de seno. Por suerte, en esta ocasión, por más mal que me sintiera, no tenía una daga colgando sobre mi cabeza sino una luz iluminándome la vida, la luz de mis ojos: mi hija.

Toni se portó de maravilla, como el gran padre que yo siempre supe que sería. Como yo tenía una sonda (tubo que te conectan para poder orinar mientras se asienta la reciente operación de cesárea), no me podía ni parar, entonces fue Toni el que se encargó de Alaïa, de darle sus tomas de leche o levantarla cuando lloraba. Recuerdo que cada vez que ella lloraba, o cada vez que entraba alguien, o cada vez que Toni se levantaba, yo abría los ojos para ver qué estaba pasando, aunque no había mucho que pudiera hacer. Toni fue realmente espectacular durante todo el proceso.

Al día siguiente, tempranito por la mañana, me quitaron la sonda, otro momento incómodo y algo doloroso. Me la habían dejado hasta entonces porque parece que estaba orinando muy poco. El día anterior me habían puesto suero otra vez para hidratarme y así lograr que orinara bien. Después, me levanté y pude caminar un poquito, fui hasta el baño, pero no me sentía tan chévere, así que me volví a la cama. La próxima vez que me tocó pararme, vi el cielo, Dios y las estrellas. ¡Ay, Diosito, qué dolor! La verdad es que nunca me había imaginado que me iba a doler tanto. Claro, como me había ya parado una vez y el dolor dentro de todo había sido aguantable, no me imaginé que al pararme la segunda vez sentiría algo así. Tenía muchísimas ganas de orinar. Me paré confiada para ir al baño, cuando de pronto sentí ese tsunami de dolor. Intenté aguantar las ganas de hacer pis para evitar tener que ir al baño, pero cuanto más aguantaba, más dolor me daba. ¡Pero caminar se me hacía casi impensable! En un instante creí que ni siquiera podría llegar al baño. Finalmente lo logré, pero tratar de sentarme fue otra mini odisea.

Por otro lado, seguía con pudor de ir al baño frente a Toni. Pero me entregué a la situación. No me quedaba otra que pedirle ayuda y dejar que me viera así, aún peor que antes de parir, porque ahora había sangre, gases y todo lo incontrolable que ocurre en el cuerpo después de una operación, después de dar a luz. Me sentía muy extraña y fuera de mí, pero él con su amor y paciencia estuvo ahí a mi lado y me hizo sentir lo más cómoda posible dentro de las circunstancias. Para poderme sentar en el inodoro, me tenía que aguantar de una de las barandillas del baño y agarrarme de su brazo y bajar lentamente hacia el asiento. No podía sentarme sola porque el dolor era inaguantable. Una vez sentada, después de finalmente lograr ir al baño, a Toni nuevamente le tocaba limpiarme, porque me era imposible hacerlo sola. Fue otro de esos momentos tan raros e incómodos, pero a la vez tan fuertes que te terminan uniendo bajo una intimidad única. Tenerlo ahí, tan presente, estable, cariñoso, fue una gran bendición.

Poco a poco me fui recuperando, recibiendo visitas, haciendo llamadas con gente de mi trabajo y, aunque no era lo que habíamos planeado originalmente, ese viernes decidimos dar una conferencia de prensa. El doctor me había dicho que el sábado seguramente me darían de alta para volver a mi casita. Después de una cesárea, en general uno tiene que pasar unos tres días en el hospital. Pues, originalmente, pensamos que si al salir ese día del hospital, nos encontrábamos con prensa, los atenderíamos ahí mismo y luego nos retiraríamos. Pero la intención nunca fue enseñar a la niña en esos días. Queríamos guardar ese tiempo íntimo para nosotros, disfrutar en familia y en privado antes de exponerla al mundo. Es algo muy personal.

Hablando de todo esto con nuestra familia y con mi mánager, llegamos a la conclusión de que para poder salir tranquilos del hospital, sería mejor abordar a la prensa antes. Además, yo había pensado que lo mío sería parto natural, pero no fue así, por lo que no es lo mismo salir del hospital caminando y bien, que salir en silla de ruedas, todavía dolida de la operación, incómoda, tratando de subir al carro con ese dolor, intentando disimular todo para las cámaras. Todas estas razones y las circunstancias nos llevaron a decidir dar una conferencia de prensa el viernes. De esa manera, atenderíamos a todo el mundo, responderíamos preguntas y, con suerte, al día siguiente podríamos irnos a nuestra casita tranquilitos.

Fue un corre-corre organizar la conferencia en el hospital, elegir la sala adecuada y tratar de cuadrar todo, pero por suerte contamos con el apoyo del equipo de relaciones públicas del hospital. Yo había mandado hacer unos detallitos para darle a la gente cuando me venían a visitar al cuarto, así que los llevé a la sala para la conferencia de prensa. Mandé hacer unos cupcakes con la misma señora que me había hecho el bizcocho del baby shower, y unas galletitas con la chica que también me las había hecho para el baby shower, con el nombre de la bebé, y Adilmarie me había hecho etiquetas que decían Alaïa para las botellitas de agua. Así que pusimos todos estos detallitos en el salón donde se haría la conferencia, como regalitos para la prensa, para así festejar también con ellos la llegada de Alaïa.

Ese mismo viernes, casualmente me vinieron a visitar mi amigo y fotógrafo Omar Cruz y su pareja, Laura Mejía Cruz. Justo había traído su cámara y me pidió si le podía tomar unas fotos a la bebé para luego pasármelas. La intención no era para ninguna revista ni para la prensa, eran fotos personales, su regalito para mí por el nacimiento de nuestro milagrito. Cuando llegó, justo me estaba preparando con Marcos Peña, quien me vino a peinar y maquillar para la conferencia. Nada del otro mundo, una trencita con una colita de caballo. Pero antes de que me amarrara el pelo, Omar me dijo: "Vente, vamos a tomarte unas fotos con la bebé". Agarró una sábana blanca del hospital, la colgó como telón de fondo, nos puso frente a la ventana del cuarto y nos tomó unas fotos maravillosas y emotivas. Como la bebé estaba sólo con el pañal, le dije: "¿Me quito la bata?". Decidí hacerlo, luego le quité el pañal a la bebé para que se viera más linda y Toni se quitó la camisa, y nos tomamos las primeras fotos los tres en familia, fotos que luego terminamos compartiendo y publicando en *People en Español* como portada y dentro de la revista. Sin embargo, en ese momento, no las sacamos con esa intención.

Ese día, seguía con dolor. Era algo más manejable que el primer día después de la cesárea, pero caminar seguía siendo toda una proeza y estar parada derecha por un largo rato también. Después de las fotitos con Omar, me puse un simple vestido blanco que me había hecho Gustavo Arango, y me preparé para salir. La realidad es que lo único que quería era tirarme en la cama para descansar junto a mi hija y recuperarme. Pero saqué la energía de quién sabe donde, me subí a una silla de ruedas y, junto a Toni y mi doctor, fuimos hacia la sala para la conferencia de prensa.

Me emocionó la cantidad de gente que había en la sala. Nunca terminaré de agradecer la muestra de cariño tan linda de la prensa, que siempre ha sido tan gentil y respetuosa conmigo. Es algo que no me deja de sorprender. Hablé con la prensa, Toni también dijo unas palabras, y el doctor explicó en términos médicos cómo se había desarrollado mi parto, ya que muchos creían que la cesárea había estado programada de antemano, lo cual no era el caso. No llevé a la conferencia a Alaïa, porque no estaba lista para compartirla públicamente, pero les comenté que se parecía muchísimo a Toni, que pensé que tendría más de mis rasgos, pero tenía, a mi parecer, su boca y su nariz. Los ojos todavía no los podíamos definir bien, pero parecían tender a un gris azul. Sólo el tiempo nos revelará más de sus características, mientras se vaya desarrollando.

Creo que siempre he sido, dentro de lo que uno puede, lo más abierta, sincera y expresiva, no sólo con la prensa, sino con el público, y eso es uno de los factores que hacen de esas relaciones algo muy especial en mi vida. Es difícil complacer a todo el mundo, eso lo tengo clarísimo, y en este caso, con el pasar de los días, sé que mi público esperaba que yo publicara alguna fotito de la bebé. Pusimos una sola foto en las redes sociales de su frente con una parte del gorrito que decía "Ya todos somos tíos", pero no se le veía la cara, y la gente no quedó satisfecha con eso. Pero, vuelvo y repito, era un momento tan íntimo y único, que necesitaba vivirlo en familia un tiempito, antes de compartirlo públicamente. En algún momento pensé en publicar alguna fotito de cuando fuimos al pediatra por primera vez, pero en esos días también dio a luz Alejandra Espinosa. Es más, dio a luz una semana exacta después que yo y justo tenía una semana menos que yo. Entonces, cuando pensaba en quizás subir la foto de Alaïa, justo dio a luz ella y lo notificó públicamente, y sentí que era su momento, no el mío. Y después, pasaron los días, y sentí que ya había pasado el momento.

En eso, Omar me mandó las fotos y me dijo que de *People en Español* se habían comunicado con él para ver si tenía algo para compartir con ellos, así que hablé con el director de la revista, Armando Correa, y terminamos dándole las fotos que nos tomó Omar en el hospital. Y así fue que se dio lo de la revista. Quedamos en que Armando iría a *Un nuevo día* para dar la primicia de la foto de Alaïa en el show, justo antes de la publicación de la revista. Y, aclaro, no hubo un intercambio de dinero, simplemente vimos esa como una buena manera de compartir esta foto tan esperada. La gente se quejó mucho después del nacimiento de Alaïa porque todavía no la había enseñado porque pensaban que iba a vender una exclusiva o su imagen, pero no todo tiene que ver con dinero. Es más, *People en Español* no paga exclusivas. Uno se gana un lugarcito en el corazón de la gente y eso es lo que hace que te den una portada pero yo no veo ganancias económicas de eso.

Sin embargo, más allá de las preguntas que surgieron sobre el dinero y la exclusiva, en realidad, vuelvo y repito, fue un momento tan deseado, tan sensible, tan íntimo, que necesitábamos tiempo para procesarlo en familia, antes de extenderlo al público. Es importante tener en cuenta que nunca se sabe qué está viviendo esa pareja o la mujer que acaba de dar a luz o si el bebé está sano y bien, y hay que respetárselo. Muchas sufren de depresión posparto —lo cual afortunadamente no fue mi caso porque aunque las hormonas las tenía a flor de piel, no podía parar de sonreír— y cada quien tiene el derecho de manejar estos momentos íntimos como le plazca. Cada mamá piensa de una manera distinta, quiere cosas diferentes, unas quieren compartir las imágenes y el momento con todo el mundo inmediatamente, otras necesitan más privacidad.

En mi caso, yo elegí tener privacidad al comienzo de mi viaje en este mundo junto a mi hija, y cuando sentí que había llegado el momento, escogí *People en Español* porque llevo mucho tiempo con ellos mostrando parte de lo que ha sido mi vida en diferentes facetas, pero en realidad no tenía nada planeado. Sin embargo, era el lugar perfecto porque ellos son una parte bien importante dentro de mi familia laboral.

Ahora la lucha que parecía interminable, improbable e inalcanzable se ha acabado. Las pruebas de fe fueron fuertes, las desilusiones inmensas, pero no me canso de decir que el tiempo de Dios realmente es perfecto y nos mandó a nuestra princesa en el momento justo, ni un minuto antes y ni un minuto después. Alaïa es el ejemplo en vida de que nunca hay que darse por vencido. Mi deseo se convirtió en un milagro, y ahora tengo en brazos la personita que amaré incondicionalmente por el resto de mi vida: mi hija.

12

Alaïa, la alegría de mi vida

A*ntes de tener* a Alaïa, soñaba con besarla y sentirla cerca de mi piel. Susurrarle al oído que yo soy su mamá y que la he esperado con mucho deseo y muchas ansias. Ahora que la puedo cargar en mis brazos, no puedo parar de mirarla, besarla, acariciarla, adorarla. La quiero oler todo el tiempo, me la quiero comer a besos. Alaïa es un milagro de Dios, mi deseo más profundo, la alegría de mi vida.

La gente siempre dice que los primeros meses como padres son muy duros, que las levantadas son tenaces, que el no dormir te deja sensible e irritable. Yo no sé si será por haberla deseado tanto o qué, pero este tiempo con Alaïa ha sido totalmente maravilloso. Sigo sintiendo que vivo en un sueño. Cada día que pasa, le agradezco a Dios este milagro. Ese vacío que sentía, ese anhelo de alcanzar algo que muchos decían no sería posible, ahora se desvaneció. Finalmente me siento entera.

Los primeros dos meses de la vida de Alaïa, los primeros dos meses como madre, fueron el mejor regalo de mi vida. Toni, nuestras familias y yo estamos completamente embobados y enamorados de esta niña. Cada vez que nos sonríe o nos gorgorea, se nos cae la baba. Cada uno de sus gestos y soniditos nos matan de la ternura. Encima, nos salió una niña muy buena. Alaïa es bien tranquilita, simpática, duerme bien. Claro, a veces duerme cuatro o cinco horas, lo cual es una gloria para nosotros, y otras veces sólo duerme dos y media, pero no importa porque cuidarla nos llena de felicidad. Nos peleamos por cargarla, estamos ambos súper pendientes de todos sus movimientos, y hasta bromeando competimos para enseñarle a decir "mamá" o "papá" primero. Toni se ríe cuando me encuentra diciéndole a Alaïa: "No digas Papá primero, di Mamá. A ver, practiquemos. Tienes que juntar los labios: ma-má". Con cositas como esa, más todas las expresiones divinas que va desarrollando la niña de nuestros ojos, nos podemos pasar el día entero entretenidos.

Durante el primer mes de su vida, contamos con el apoyo de nuestras familias que se fueron turnando y quedando con nosotros, cosa que realmente nos ayudó muchísimo. Fue una bendición tener a mis hermanas, a la mamá de Toni, a mi sobrina, todas aquí ayudándonos a descifrar este nuevo papel como padres. Al no tener la presencia física de mi mamá, poder contar con todas ellas no tiene precio. Me he sentido muy acompañada y querida.

Las palabras, consejos y ayuda de mis hermanas han sido increíbles. Han estado siempre pendientes de mí en todo momento y sé que cuento con su apoyo incondicional. Tenerlas cerca mostrándome ciertas técnicas, como posiciones para acostar o tener a la niña, aconsejándome de madre a madre, mirando, vistiendo, bañando y amando a Alaïa no sólo me colma el alma de alegría, sino que me hace sentir aún más conectada a Mami, que sé que nos observa y protege desde el cielo. Y ahora que ya están en sus casas otra vez, me tranquiliza saber que las tengo cerca, a una llamadita telefónica o un viaje cortito en avión.

La otra persona que ha sido una bendición tenerla cerca es Carmen, la mamá de Toni. Al ver que quizás mi parto se adelantaba de la fecha originalmente pautada, ella adelantó su viaje y se subió a un avión para estar presente con su amor y apoyo. Carmen me cuida, me consiente, me da mucho cariño, me trata como una hija más. Y sus consejos durante ese primer mes que compartimos con ella fueron de gran ayuda. Por ejemplo, los primeros días de vida de Alaïa en el hospital, nos enseñaron a bañarla de una forma, pero luego, al llegar a casa, comenzamos a discutir sobre quién la bañaría y cómo. No nos poníamos de acuerdo sobre la manera correcta de bañarla. Discutíamos las diferentes formas y técnicas, pero ninguno de los dos nos animábamos a dar el primer paso, hasta que interrumpió mi suegra y dijo: "Yo la voy a bañar como los bañábamos en España". Llenó la bañerita, comenzó a bañarla y Alaïa estaba feliz, no derramó ni una sola lágrima.

Los consejos de mi suegra y de mis hermanas no sólo venían del corazón, sino que se basaban en la experiencia, una experiencia que nosotros recién estamos comenzado a vivir. Es un alivio poder confiar en ellas y tener una fuente de información y cariño a mi disposición con recomendaciones que me sirven como una guía para orientarme al comenzar este viaje como madre. Además, fue súper divertido compartir el enamoramiento que sentimos todos por esta niña de Dios. Es el nuevo juguetito de la casa. Todo gira alrededor de quién le da la leche, quién la baña, qué le ponemos —porque nos gusta cambiarla cincuenta veces al día—. Me hace pensar en los cuentos de mis hermanos y cómo me trataron a mí cuando recién nací. También me cuidaban y mimaban y vestían; era la nueva muñeca del hogar. Pues ahora lo veo con Alaïa y me emociona enormemente.

Nuestras familias realmente fueron una pieza esencial al comenzar esta vida nueva. No sólo nos llenaron de consejos, sino que se turnaban para darle la leche a Alaïa y así dejarnos descansar, cosa que me venía muy bien ya que yo estaba en pleno proceso de recuperación de la cesárea. Claro, al no poder amamantar y alimentar a Alaïa con leche en fórmula, compartir esa tarea se hace mucho más fácil, así como apartar un ratito para recuperar unas horas de sueño. Todos esos mimos fueron realmente súperespeciales.

Y ni hablar de mi novio bello y caballeroso que se ha portado como un rey, apoyándome con todo su amor a través de cada etapa clave que nos tocó vivir y en la que ahora estamos entrando juntos, como padres. Sé que estos primeros meses de Alaïa han sido más llevaderos no sólo por la ayuda de nuestras familias en el primer mes, sino por la presencia de mi amado Toni ahora que estamos los tres solos. Estoy agradecidísima de tener a un hombre a mi lado ayudándome a la par, hace una diferencia gigante y me llena de alegría y amor.

Sabía que Toni sería un padre espectacular, y ahora tengo la dicha de verificarlo con mis propios ojos. Toni me ayuda con todo. Muchas veces, cuando Alaïa se despierta pidiendo de comer, yo me quedo en la cama con ella mientras que su papá va a la cocina, prepara la leche, la trae, después la cambia, la duerme, la pone en la cuna. Otras veces, aunque yo siempre me despierto con el lloriqueo de mi niña, él me deja dormir y se encarga de darle de comer y dormirla otra vez. Claro, con la fórmula, alimentarla no es tan cansador ni causa tanta ansiedad como amamantar porque sabemos exactamente cuántas onzas debe tomar, podemos ver cuántas toma y encima nuestro angelito se queda dormida bastante rápido después de comer, así que aunque las interrupciones en la noche cortan el sueño, nos es más fácil y llevadero por las circunstancias que nos han tocado en la vida. Por eso también, a pesar de que los primeros días definitivamente fueron los más difíciles y dolorosos por la cesárea, el resto de estos meses han sido mucho más hermosos que sacrificados o difíciles. Pero tengo clarísimo que tengo la fortuna de poder decir esto no sólo por la ayuda familiar que tuvimos al comienzo, sino porque tengo a un hombre a mi lado que es un verdadero compañero, con quien comparto todo, incluyendo las tareas diarias que conlleva criar a un bebé, y eso no tiene precio.

Ahora al quedarnos solos, estamos entrando en otra etapa maravillosa, la de nosotros tres. Poco a poco se va desarrollando nuestra dinámica familiar única, vamos estableciendo rutinas nuevas, entrando en nuestro propio ritmo y acoplándonos como el trío que ahora formamos en esta unidad familiar. Es realmente glorioso.

De todas formas, por más encantada que estoy con mi niña, también soy humana y soy madre primeriza y ahora tengo nuevos retos y miedos que enfrentar en mi día a día. No hablo sólo de aquellos que uno tiene como madre a gran escala sobre el bien y el futuro de su hijo, no. Me refiero a las cosas pequeñas que nunca me afectaron antes y que ahora me hacen temblar. Me he dado cuenta de que con respecto a lo mío, aguanto mucho y soy bastante valiente, pero cuando de mi hija se trata, soy bastante cobarde.

El primer momento que experimenté uno de estos miedos inesperados fue cuando salimos del hospital y nos subimos al carro para dirigirnos a nuestra casa. De pronto me consumió una creciente angustia no por cómo manejara Toni, que iba con mucho cuidado, sino por cómo manejan los demás, algo que está totalmente fuera de nuestro control. Sentí una vulnerabilidad que nunca antes había sentido en un carro. Cada dos por tres, le decía a Toni: "Ve despacio, vas muy rápido, ¡cuidado con el de al lado!". Es la primera vez que experimento ese instinto de protección maternal de una manera tan aguda. "Que no le vaya a pasar nada a mi hija", es lo único que pienso en esos viajes, que todavía algo de angustia me causan. Es en realidad un pensamiento y un instinto de protección que ya me había surgido antes, pero con menos angustia, y del cual hablamos claramente con Toni antes del parto, cuando tocamos el tema sobre qué hacer si surgían complicaciones. Son conversaciones difíciles, pero hay que tenerlas. Y sin dudarlo, le dije a Toni: "Si algo pasa, la primera que tienen que salvar es Alaïa. Ella es la más importante. Ya yo he vivido, ahora a la que le toca vivir es a ella". Gracias a Dios todo salió bien, pero entre eso y la experiencia del carro, me doy cuenta de que mis prioridades definitivamente han cambiado. Ahora lo único que quiero es que mi hija, mi princesa, la luz de mis ojos esté bien.

Me imagino que con el tiempo se irá aminorando esta angustia en el carro, así como nacerán otras nuevas. Es más, relajando, siempre había dicho que si yo tuviera un bebé, y este niño o niña luego sufría algún tipo de percance en la escuela porque otro lo había molestado, yo me iba a meter en problemas con sus padres por defender a mi bebé. Y ahora que tengo a Alaïa en brazos, siento que realmente me podría pasar algo así, que voy a tener que controlarme el día que me cuente que algún compañerito la molestó, porque sé que la madre leona dentro de mí saldrá a rugir con todo su poder. A veces cuando veo en la televisión segmentos sobre padres que no cuidan a sus hijos, o el *bullying* de hoy día con muchachitas dándole golpes a otra, cosa que no entiendo, pienso en qué puedo hacer yo para defender a mi hija, para cuidarla, protegerla de esas cosas que a mí ni me caben en la cabeza. Lo único que se me ocurre ahora es estar muy pendiente de ella, de su educación, de criarla para que ella no le haga daño a nadie ni nadie se lo haga a ella, y si se lo hacen, enseñarle a defenderse de una manera digna.

Estoy consciente de que voy a tener que luchar en mi interior para no volverme demasiado protectora, pero me va a costar mucho, ya que este amor, esta unión con esta personita es única, es más fuerte que ninguna otra, más fuerte de lo que me había imaginado que sería, que ya era mucho. Aunque es difícil de explicar lo que se siente, un ejemplo que se me ocurre es cuando tuvimos que llevarla a que le pusieran las cuatro vacunas que le tocaban unas semanas atrás. Creo que lloré más yo que ella.

Para las vacunas y cualquier otra inyección que le toque a mi niña, tengo un acuerdo con Toni. Él es el que la debe cargar, no sólo por lo que sufro al verla llorar, sino porque mi instinto maternal se apodera de mí en ese momento y debo mantenerme a una distancia segura porque lo que me nace es pegarle a la enfermera, quitarle mi hija y salir corriendo. Obviamente no lo haría, pero eso es lo que siento por dentro al verla sufrir. Es más, no sé cómo dejarla llorar. Eso me cuesta horrores. Escuchar su llanto me desespera, la quiero tener en mis brazos, consolarla, calmarla, aliviarla. Después de aquellas cuatro vacunas, verla llorando y suspirando fuerte con ese nivel de sentimiento en una criatura tan pequeña me rompió el corazón. No la podía soltar. Quería que supiera que yo estaba ahí con ella, que todo iba a estar bien, que yo la cuidaría siempre.

Otro de estos momentos ocurrió cuando la llevamos a que le pusieran los aretes. Toni le tuvo que agarrar el cuerpito mientras otra persona le sostenía la cabecita para que se quedara quieta mientras le perforaban las orejas. Yo me quedé a un lado grabando un videíto y llorando sin parar. Nunca pensé que ese momento sería tan fuerte, pero lo fue. Me resultó muy doloroso. Sé que voy a tener que fortalecer un poco esta debilidad que tengo por mi niña porque esto es sólo el comienzo, pero la unión que tengo con ella me hace sentir todas sus emociones de una manera magnificada.

Sin embargo, para otras cosas, he encontrado que soy un poco más práctica. Un tiempito atrás, cuando todavía estaba mi suegra en casa, pasamos un sustito que por suerte no fue más que eso. Toni justo había tenido que viajar a Barcelona para filmar un comercial, por lo que nos habíamos quedado ella, mi hermana Adaline y yo solas con Alaïa en casa. Un día, mi suegra y yo notamos que en el pañal de Alaïa, había caca con unos hilitos de sangre. Me preocupó esto, así que, junto a Adaline, enseguida la llevé al pediatra, quien decidió cambiarle la fórmula de leche que le habíamos estado dando. De todas formas, mi suegra seguía bien nerviosa porque los hilitos de sangre seguían apareciendo, pero según el pediatra esto se iría solo. Salimos a comer para distraernos, sin embargo al día siguiente, los hilitos persistían y la ansiedad de mi suegra culminó en desesperación. Así que ese domingo terminamos en la sala de emergencia a ver si nos podían dar alguna respuesta clara para calmar la ansiedad y las dudas. Nos atendieron súper bien, hasta vino el pediatra al hospital para ver las placas que le habían hecho y contarnos qué andaba ocurriendo. Por suerte, al final, no era nada grave. Nos explicaron que la leche anterior le había caído pesada y no la estaba tolerando muy bien. Por eso tenía algo irritado el estómago, lo cual se tradujo en los hilitos de sangre que vimos en su caca inicial. Como recién le habíamos cambiado de fórmula, había que simplemente tener paciencia ya que no se iba a ir de la noche a la mañana. Había que esperar para que surtiera su efecto. Y, tal como nos dijeron, en un par de días más se volvió a regularizar todo.

Me imagino que sustos como este habrá muchos en este camino como madre primeriza, es parte de este nuevo viaje y, aunque por momentos me siento un poco cobarde, estoy lista para enfrentarlos porque sé que estoy dispuesta a hacer cualquier cosa por el bien de mi hija. Y eso también incluye vigilar bien de cerca mi propia salud.

Entre el tratamiento de fertilidad y el embarazo, mi cuerpo recibió una explosión de hormonas, que no es nada recomendable para mí por el tipo de cáncer que tuve, por lo tanto, estas siguientes revisiones con mi médico son clave en mi caso. Ahora más que nunca quiero seguir viviendo sana y feliz durante todo el tiempo que me conceda Dios, y haré todo lo posible para que sean muchísimos años más, para mi hija, para poder estar en su vida, a su lado.

La doble mastectomía que tuve por mi cáncer de seno no me permite amamantar a mi niña, algo con lo que había soñado años atrás. Se podría decir que ya pasé por ese proceso de duelo. Al quitarme el segundo seno como medida de precaución contra el cáncer que ya había sufrido, supe que amantar a un hijo no sería parte de mi historia de vida, pero es una decisión de la cual no me arrepiento.

Cuando me diagnosticaron con cáncer de seno, el que estaba enfermo era el seno derecho. Luego de varios exámenes, determinaron que el izquierdo seguía sano, sin ninguna lesión o tumor irregular. De todas formas, antes de la operación, mi equipo médico me preguntó si quería también quitarme el seno izquierdo, aún estando sano. Muchas mujeres, al ser diagnosticadas con cáncer en un solo seno, deciden hacerse una doble mastectomía para prevenir la posibilidad de que el seno sano desarrolle un cáncer más adelante. Pero yo dije que no. Yo quería guardar mi seno sano porque una de mis ilusiones más grandes era tener familia y poder amamantar a mis hijos.

Sin embargo, unos años más tarde, luego de haber pasado por la quimioterapia, luego de haber sobrevivido el cáncer de seno y luego de haberme hecho revisiones continuas que me dejaban con una nube constante de miedo que me perseguía al pensar que en alguna de aquellas citas volverían a detectar un cáncer en mi seno sano, pues decidí cortar por lo sano y quitármelo. Al tomar tal decisión en aquella época, sabía que estaba eliminando la posibilidad de amamantar a mis hijos, pero a su vez, estaba agrandando la posibilidad de seguir con vida para algún día cumplir el sueño de tener mi propia familia.

Para cuando llegó mi niña, ya eso lo tenía totalmente asumido, por lo que no fue algo que tuve que lamentar en el momento. La alegría de haber vencido aquellas probabilidades en mi contra, sobreviviendo el cáncer y teniendo el hijo que todos me habían dicho era muy probable que no podría tener, pues eso era todo lo que necesitaba en aquel momento para ser feliz. Hice averiguaciones para ver si le conseguía leche de otra mamá, pero mi doctor me recomendó que me quedara con la fórmula. Me explicó que tenía todos los nutrientes que ella necesitaría y que era la manera más segura de controlar qué le metíamos en el cuerpito. No digo que mi decisión sea la correcta y otras no lo sean, simplemente lo cuento para compartir cómo manejé yo la situación de no poder amamantar a mi niña, habiendo tenido una doble mastectomía.

DESPUÉS DE TENER a un bebé, la vida te cambia por completo. Es así. Mi vida nunca será igual que antes de tener a mi princesa en mi vida. Otra cosa que cambia muchísimo es el cuerpo. Es increíble cómo evoluciona. Primero me tocó pasar por los cambios del embarazo, los cuales en mi caso gocé enormemente, y ahora estoy pasando por otro proceso, que es redescubrir mi cuerpo, hacerlo mío otra vez. Veinte días después de dar a luz, sentí que me había bajado la panza y volvía a verme como me veía antes. Por más de que me había encantado mi barriga porque significaba el crecimiento y desarrollo de mi sueño, fue lindo también volver a reconocerme como mujer. Sentí que iba por buen camino, pero recuerdo que veía mi panza y notaba un exceso de piel, de carne, y no podía sino preguntarme: ¿Y eso cómo se me va a volver a pegar al cuerpo? ¿Cuántos ejercicios tendré que hacer? ¿Cuándo me permitirán volver a una rutina normal de ejercicio para poder recuperar mi cuerpo del todo? ¿Cuál será la mejor dieta para bajar el peso del embarazo de una manera saludable? ¿Cuáles serán los sacrificios que tendré que hacer para recuperarme y sentirme bien y lograr tener una figura con la que yo me sienta bien? Ahora que ya no tengo a Alaïa dentro de mí, quería llegar a un punto en donde yo me sintiera bien con lo que veía en el espejo, que cabe destacar no necesariamente es lo que el público espera de mí. Este mar de preguntas me invadía la mente mientras esperaba pacientemente que pasaran los días y cicatrizara mi herida de la cesárea.

Es inevitable en ese momento compararse con otras madres, ver algunas con esos cuerpazos y pensar que si ellas pudieron, uno también puede. Y claro que podemos todas. Pero la realidad es que cada una de nosotras tiene no sólo un metabolismo diferente, sino también una avalancha de responsabilidades que difieren entre sí, por lo que el camino a recuperar el cuerpo es bien distinto para cada persona. No es lo mismo alguien que se dedica a hacer ejercicio como trabajo, a alguien que tiene quizá dos trabajos para mantener a su familia y casi no tiene tiempo para sí misma.

Creo que a mí lo que me sirve al entrar en esta etapa es mantenerme lo más organizada posible. Hay mil clases de ejercicio que me gustaría tomar para ponerme en forma, pero ahora no sólo tengo el trabajo y las responsabilidades diarias de siempre, que de por sí ocupan gran parte del día, así como los quehaceres domésticos y querer mantener una relación saludable con mi pareja, sino que tengo una hermosa hija con la que quiero compartir todo lo posible, así que organizar los horarios es clave para poder cumplir con las responsabilidades, alimentar mi relación, disfrutar y criar a mi niña y también cuidarme. Creo que es esencial dedicar aunque sea unos minutos de tu día a tu bienestar. Porque si uno está bien y saludable, todo fluye mejor, además de ser un gran ejemplo para nuestros hijos.

Claro, más allá de la salud, que es primordial, la importancia de recuperar mi cuerpo también está ligada a mi carrera, ya que mi figura y mi imagen son parte de mi instrumento de trabajo. Por eso es algo que da vueltas en mi mente y me preocupa ya que sé que es una herramienta que debo mantener bien para poder seguir trabajando y así poder poner comida en la mesa, cubrir las necesidades de mi hija, pagar su escuela, en fin, todo lo que conlleva criar a un hijo.

Al recuperarme de mi cesárea, mi doctor al fin me dio el visto bueno para comenzar a hacer ejercicio, lo cual me tiene muy contenta. En realidad, poder estar activa físicamente no sólo es algo que me alivia por poder recuperar mi cuerpo y mantenerme saludable, reestablecer una rutina de ejercicios en mi vida es algo que también mantiene sanos a la mente y el espíritu. Me ayudan a distraerme de los miedos y enfocarme en lo que vendrá. Sé que el tiempo que me queda de alta de maternidad pasará volando y pronto volveré al trabajo, y eso en realidad me llena de ilusión. Obviamente me costará no estar las veinticuatro horas al lado de mi princesa, pero eso no quita que tenga ganas de retomar mis mañanas laborales, agradecerles a todos su cariño y compartir con el público esta nueva y fascinante etapa de mi vida como madre.

Sí, ahora por fin soy madre. Lo siento, lo vivo y lo disfruto cada segundo de cada día, y hasta lo pude celebrar en mayo al poder disfrutar por primera vez el Día de las Madres como mamá. Comencé el día en la cama con mi hija, acurrucándola y compartiendo un momentito exclusivo nosotras dos solas. La miraba con el amor rebosante que siento por ella, recordando la ilusión que tenía por que llegara a mi vida, agradecida de poder estar viviendo un día tan especial juntas, un día que un año antes no era mío para celebrar y no sabía si algún día lo sería. Fue perfecto, bonito, único.

El día continuó con una reunioncita en casa de mi sobrina Adilmarie, donde también estaba mi hermana Adilsa. Lo viví como un momento increíblemente especial porque ahora, en vez de estar ahí celebrándolas a ellas, finalmente era parte del grupo. La falta de Mami se sintió, pero su presencia siempre nos acompaña. Luego nos fuimos a casa de Alejandra Espinoza y Aníbal Marrero. Alejandra dio a luz una semana después que yo y, después de pasar sus propias dificultades para quedar embarazada, ahora también es madre primeriza. Fue muy lindo poder compartir ese día con ella, uno que significaba muchísimo para ambas. Nos sentamos juntas, ella cargando mi bebé y yo el de ella, muy emocionadas las dos, pues finalmente teníamos a nuestros hijos en brazos, hablando de cómo habíamos vivido los primeros dos meses de sus vidas, intercambiando anécdotas, consejos.

Ese Día de las Madres fue único, uno que nunca olvidaré, y lo celebré repleta de emoción y alegría, disfrutando cada segundo, festejando mi sueño hecho realidad. Espero ahora poder transmitirle a mi hija cada una de las enseñanzas que heredé de mi propia madre, a quien celebro todos los días.

CON EL PASAR de los días, las semanas y los meses, me sigue doliendo que Papi no haya sobrevivido un tiempito más para conocer a su nieta, para tenerlo aquí con nosotros, para tener esa foto de la que tanto hablamos él y yo, de la beba en brazos de su abuelo. Sé que la ilusión de su llegada le generó un gran entusiasmo y muchas ganas de seguir viviendo durante esos últimos meses que estuvo en nuestro mundo. Creo que se fue tranquilo sabiendo que por fin mi sueño se estaba haciendo realidad.

A Mami también la extraño a diario, pero así como la extraño, siento su presencia constante en mi vida. Ahora lo que más me viene a la mente son sus oraciones. Mami oraba mucho. Recuerdo que en camino a la escuela decía oraciones y por la noche nos acostaba rezándonos el Padre Nuestro. Las recuerdo como si fuera ayer porque ahora sigo rezándolas yo. Son como mantras que uno va repitiendo a través de la vida. Al principio, de niña, quizá no entendía bien lo que significaban, pero luego, al comenzar a comprender las palabras de cada una de las oraciones, se volvieron una parte importante de mi vida. Y ahora tengo la gran bendición de poder compartirlas con mi hija. Ahora soy yo la que le va a enseñar a orar y a agradecer todo en esta vida, a obrar por el bien y ser una niña inteligente, despierta y buena. Ahora puedo compartir con ella las enseñanzas que me ayudaron a formarme como persona, enseñanzas que son la base de quien soy yo hoy, y espero la acompañen y le sirvan por el resto de su vida.

La realidad es que había soñado con vivir esta etapa como madre junto a mi mamá y mi papá, pero ahora le doy gracias a Dios porque aunque no están aquí conmigo físicamente, me acompañan a nivel espiritual. Siento la presencia de los dos y siento que de alguna manera me han estado acompañando. Estoy convencida de que Mami fastidió tanto a Papa Dios que hace poco menos de un año, para salir de la doñita que lo perseguía sin cesar, finalmente me regaló el milagro de quedar embarazada. Y luego Papi sin duda fue quien me la entregó el 4 de marzo de 2015 a las 4:45 de la mañana, siendo casi la misma hora en la que me llamaba todas las mañanas para despertarme. Mami me la mandó y Papi me la entregó, y tenerla ahora a mi lado será algo que les agradeceré a ellos y a Dios por el resto de mis días.

13

Las segundas oportunidades

Al tomar perspectiva, con ayuda del tiempo, el mapa de mi vida me ha mostrado que todo lo vivido fue necesario para llegar al ahora. Pensé que el cáncer quizás no lo podría superar, y aquí estoy sobreviviendo y sana. Pensé que nunca más amaría, y aquí estoy comprometida y feliz. Pensé que quizá no tendría la oportunidad de tener a mi bebé en brazos, y aquí la tengo sonriéndome y colmando mi vida de alegría.

A más de tres años de haber abierto mi alma en las páginas de mi primer libro, me encuentro ahora más fuerte como mujer y como ser humano. Desde que me diagnosticaron el cáncer de seno, siento que he crecido muchísimo, y este crecimiento me ha brindado la oportunidad de hacer cambios positivos en mi vida, sin perder la esencia de lo que he sido y lo que soy, procurando el bienestar de mis seres queridos y mis prójimos, dedicándome a trabajar y ganarme la vida con la disciplina que me enseñaron mis padres para llevar lo que deseo y necesito a cabo.

En esta segunda oportunidad de vida, he aprendido el valor que me debo dar a mí misma, porque si uno no se sabe hacer valer es poco probable que los demás te valoren como lo mereces. Mantenerme firme en esto me ha hecho mucho bien. Como todo ser humano, estoy consciente de que puedo caer en patrones viejos, pero las enseñanzas que me ha brindado la vida me ayudan ahora a reconocer estos patrones y salir de ellos antes de caer en lo mismo de antes. Me resulta extremadamente importante observar que he evolucionado como mujer y que voy por un camino que en este momento entiendo está bien, me brinda satisfacción personal y me mantiene tranquila. Me siento orgullosa de mí misma, de lo que fui, de lo que soy y de lo que seré.

Con respecto a mi exesposo, siempre le desearé todo lo mejor a él y a su familia, y estoy contenta de que ahora ambos tengamos las vidas que nos merecemos y hayamos dejado todo atrás con respecto a nuestro pasado. Él me llamó cuando falleció mi mamá, pasó a dar sus condolencias cuando velamos a mi papá y me llamó para felicitarme cuando se enteró de que tenía un bebé en camino. Cada una de esas acciones las agradecí inmensamente. Fueron parte de un cierre positivo de lo que *fue* una relación importante en mi vida, con una persona que siempre tendrá un lugar especial en mi corazón, que guardaré en mi cajita de recuerdos con gusto. Agradezco que haya sido parte de mi vida, ya que estoy más consciente que nunca de que todo lo vivido en mi pasado es lo que me ha llevado a estar parada aquí, ahora, junto a Toni, con mi hija en brazos, cuya presencia tan anhelada es realmente un milagro de Dios.

Estos últimos años me han ayudado a reconfirmar que la fe en Dios ha sido el motor de mi existencia, lo que me ha sacado de los pozos más oscuros, lo que me ha impulsado a seguir viviendo. No puedo dejar de reconocerlo. Con el tiempo, mi fe continúa creciendo y alimentando mis esperanzas y ganas de seguir viviendo. Sé que faltan más pruebas por enfrentar, así es la vida, pero ahora sé que con la fe y la esperanza, las podré superar.

Este tiempo que ha pasado también me ha ayudado a reconfirmar la bella unión que existe dentro de mi familia. Sé que ellos están ahí para todo, lo bueno y lo malo, independientemente de sus propias preocupaciones y celebraciones. Cuando las papas queman, todos dejamos de lado lo que sea para estar juntos, apoyándonos y brindándonos amor. Tener una familia como la mía es una bendición enorme, algo que agradeceré el resto de mi vida, algo que ahora puedo compartir con mi nueva familia: Toni y Alaïa.

Volver a amar no ha sido fácil para mí, pero poco a poco me he abierto y entregado al amor. Luego de mis experiencias pasadas, me es inevitable sentir miedo y desconfianza. Surgen desde el fondo de mi corazón cuando menos me lo espero, pero ahora que he encontrado mi voz, hablo. He aprendido a expresarme no sólo diciendo cosas bonitas, sino también hablando de lo que me molesta. Eso de "calladita me veo más bonita" por suerte ya es parte de mi pasado. Lo bueno, y lo que me ha ayudado mucho a sanar mis heridas, es que Toni me inspira confianza, entiende de dónde surgen mis molestias y aunque no le encanten, me las acepta. Es más, no sólo me las acepta, sino que hace lo posible para calmar mi desconfianza y miedo, para demostrarme que no tengo nada de qué preocuparme. Aun así, a veces me dice que le da algo de pena mi desconfianza, ya que él no ha hecho nada para merecerla, no me ha dado razones para sentirme insegura con él. Viene de mi pasado, ambos lo sabemos, y aunque por momentos le molesta, me entiende, nos entendemos, y eso es clave.

Sé que debo seguir trabajando en esto, pero aun confiando otra vez, creo que nunca lo volveré a hacer de la misma manera que antes. Esa confianza ciega no la tengo ni la quiero volver a tener. Quiero sentir una confianza saludable mas no ingenua. Las experiencias del pasado me abrieron los ojos a una realidad que no puedo negar. Hoy día prefiero confiar, pero estoy más alerta que en el pasado. Es una cuestión de autoprotección. Y esto todo lo sabe Toni. No quiero fingir ser alguien que no soy con él. Quiero que él me ame y me acepte sabiendo quién soy hoy: la suma de todas mis experiencias, buenas y malas.

Si bien en mi relación anterior lo que quería era luchar por el matrimonio, ahora en esta relación estable de convivencia, tenemos algo que nos une que es mucho más fuerte que un documento legal: una hija. Ahora no sólo somos una pareja, con la llegada de nuestra hija nos hemos convertido en una familia, y eso me da razones aún más fuertes para hacer todo lo posible para continuar amándonos y eligiéndonos en esta vida. Sin embargo, como bien lo he hablado con Toni, ambos tenemos claro que tener una hija no garantiza nuestra unión de por vida. Sí, en teoría me veo luchando por esta relación con todas mis fuerzas, sin embargo, en la práctica, no lo sé. Uno realmente no tiene idea de cómo va a reaccionar ante los obstáculos que se enfrentan como pareja, porque depende muchísimo de las circunstancias, de la relación, del amor que se tiene con la pareja; hay un sinfín de factores que influencian la decisión en un momento crítico. Pero, si algún día veo que nos encontramos en una situación dañina e insuperable, no me voy a quedar de por vida ahí. Yo quiero luchar siempre por tener una relación *saludable*. En el caso de que no funcione, pues no hay por qué seguir tampoco. Cuando una de las dos personas en una pareja ya no tiene el corazón puesto en esa relación es muy difícil poder sanar heridas y recuperar lo perdido. Sufrir otro golpe en mi vida amorosa obviamente no es lo que deseo, pero si me tocara, estaría dispuesta a enfrentarlo y ver qué se puede hacer para solucionarlo, pero no estaría dispuesta a soportar algo que se vuelva crónico y dañino.

Yo no quiero algo dañino ni para mí ni para Toni, y mucho menos para Alaïa. Quiero que ella siempre tenga el ejemplo de un amor saludable en casa. Y quiero que ella aprenda que si algo no funciona, también es aceptable dejar eso de lado y seguir adelante con su vida. Sé por experiencia propia lo importante que son los ejemplos que uno ve al crecer dentro de su familia, y quiero brindarle el mejor ejemplo a mi hija para que ella siempre luche por relaciones saludables y sepa dejar de lado las que no lo son. Lo bueno y lo que me encanta y me enamora de Toni es que, habiendo pasado por momentos difíciles, nos continuamos eligiendo. Nos amamos. Realmente estoy feliz con él, y espero que nunca tengamos que experimentar nada que rompa nuestra unión. Hoy lo sigo eligiendo como lo hice desde que nos enamoramos y visualizo un futuro hermoso a su lado.

Sé, por la cantidad de veces que me lo han preguntado, que lo que muchos quieren saber, ahora que tenemos a nuestra hija en brazos, es cuándo nos vamos a casar. La verdad es que todavía no nos hemos sentado a hablar de eso. Estamos concentrados ahora en disfrutar de esta nueva etapa como padres. Todo lo demás caerá en su lugar y se dará en el momento que tenga que ser, cuando Dios lo disponga. Pienso así porque en mi experiencia de vida, todo lo que me ha ocurrido, papá Dios me lo ha mandado cuando tenía que llegar, ni un minuto antes y ni un minuto después, porque así tenía que ser. Lo que sí sé es que el día que lo hagamos, me gustaría que sea algo pequeño, muy íntimo y familiar. ¿Dónde? Puede ser España, Puerto Rico, Miami. No lo sabemos. Con el tiempo todo irá cayendo en su lugar.

También tenemos claro que para podernos casar, Toni necesita lograr una estabilidad económica, para que podamos compartir la responsabilidad financiera de la misma manera que compartimos todo lo demás en nuestra relación. Él aporta todo lo que puede, es sumamente generoso, y eso me deja súpertranquila porque, sin querer sonar dura, sino realista, la verdad en este mundo es que de amor sólo no se vive. Ese concepto de que el amor todo lo puede es algo que uno siente cuando es adolescente, pasando por esos primeros amores sin experiencia y llenos de ilusión, donde si fuera por ustedes, se escaparían de la escuela y vivirían en una chocita sin ninguna otra preocupación en el mundo más que esa relación... pues... No. A esta edad, a mis cuarenta y cuatro años, con una hija en brazos, habiendo pasado por lo que me ha tocado vivir, esa película adolescente romántica ya no es parte de mi realidad. Ahora entiendo que, además de ese amor y esa ilusión, se necesita más para que la relación sobreviva. Se necesita un trabajo que genere un ingreso para pagar un lugar donde vivir, llevar comida a la mesa, educar a los hijos... se necesita más que sólo el simple hecho de estar enamorados.

Una de las cosas que me atrae y enamora de Toni es que a él le gusta trabajar, le apasiona lo que hace, tiene ambición, aspira a más, y eso me encanta porque yo siento lo mismo. Por otra parte, procura siempre cuidarme de todas las formas posibles, y ahora lo mismo para Alaïa. Está pendiente de lo que necesitemos, lo siento muy presente, entregado, comprometido, partícipe, en especial ahora en esta etapa en la que estamos entrando como padres. Y todo eso me encanta, me enamora aún más de él y me hace sentir segura de que vamos por muy buen camino. Además, en cuanto a su carrera, es bueno en lo que hace y le va muy bien, tiene mucho trabajo, y está claramente encaminado hacia esa estabilidad que añoramos ambos, lo cual me deja muy tranquila. Es algo que yo necesito para sentirme segura, y él lo sabe. No importa la suma, no tenemos que tener el mismo sueldo ni el mismo horario, lo que ambos queremos es algo con lo que podamos contar todos los meses, y esto es algo que quisiera que lográramos antes de nuestra boda.

Nuestro mundo este último año ha girado alrededor de nuestro embarazo y la llegada de Alaïa. Y ahora estamos disfrutando este momento que tanto hemos deseado. Todavía no hemos firmado el papel, no nos hemos casado, pero cuando miro a Toni, sonrío y no me imagino el futuro sin él. Me veo con él por el resto de mi vida, más allá del papel de matrimonio. Lo sentí al comenzar esta relación y espero sentirlo así para siempre. Ambos elegimos estar juntos, y así debe ser para el resto de nuestras vidas. Es más, aunque nos alejamos durante los tratamientos de fertilidad por las frustraciones y el dolor que significaba no lograr quedar embarazados, logramos retomar nuestra relación, reconquistarnos, enamorarnos por segunda vez, amarnos, y eso es justamente lo que yo deseaba de una relación. Porque momentos difíciles y crisis siempre van a existir, pero ver que ambos tenemos la disposición de querer seguir juntos es lo que para mí realmente cuenta. Al comprender que eso es lo que ahora tengo con Toni, que lo que yo decía que necesitaba para abrir mi corazón ahora lo he encontrado, pues eso es lo que me ha permitido abrir mi corazón y entregarme al amor.

De todas formas, para ser totalmente honesta, confieso que al haber pasado por un matrimonio y un divorcio, el pensar en casarme de nuevo me trae el miedo de la posibilidad de un nuevo divorcio y todo lo que eso implica. No es que no confíe en la relación duradera con mi pareja ni que no quiera pasar el resto de mi vida con Toni, pero al haberlo ya experimentado, no puedo negar que siempre existe como posibilidad. Si lo pienso mucho, si me concentro en esa posibilidad, entonces preferiría no casarme. Es más, si estoy constantemente enfocándome en la posibilidad de una infidelidad o un divorcio, pues entonces tampoco tendría espacio para vivir mi vida. Y si algo he aprendido con todos los tropiezos y golpes que me han tocado a lo largo de este camino es que la vida hay que gozarla.

Quiero continuar sonriéndole a la vida, sin importar qué obstáculos encuentre en mi camino. Quiero seguir confiando, amando, quiero seguir viviendo. Sabiendo lo que estamos compartiendo ahora como padres, disfrutando de este nuevo papel nuevo y de una relación estable y feliz, me animo a decir que todavía no es el momento para casarnos. Todo surgirá a su debido tiempo. Estamos comprometidos, enamorados, pero la vida nos ha brindado un regalo milagroso y por ahora estamos concentrados en ella. Cuando tenga que pasar nuestra unión oficial, pasará, ni un minuto antes y ni un minuto después.

Mientras tanto, quiero concentrarme en el presente, en disfrutar cada instante de este momento maravilloso que me ha tocado vivir con Alaïa en mis brazos. Espero seguir gozando de mucha salud, para poder estar presente para mi hija en lo bueno y lo malo que le toque vivir. Y también espero poder continuar siendo un ejemplo de cómo el cáncer agarrado a tiempo tiene cura, para seguir compartiendo mis experiencias con esa enfermedad y ayudar a correr la voz con toda la información esencial. Quiero que todos los que tengan que enfrentar esta enfermedad sepan que existen muchas herramientas a nuestra disposición para seguir disfrutando de la vida. Quiero seguir compartiendo mis revisiones y exámenes anuales para que lo tomen como ejemplo, para que la gente vea que, por más miedo que puede causar el pensar que te pueden descubrir esta enfermedad, es mucho mejor encontrarla en las primeras etapas que en las últimas. Como bien dice el dicho, es mejor prevenir que lamentar.

Y, para cerrar, no lo voy a negar, me encantaría ver si, así como sucedió la bendición de la llegada de Alaïa, quizá venga otro milagro de vida en camino algún día. Hemos comprobado que puede pasar, así que ahora nos entregaremos a las manos de Papa Dios y a la fe para ver si tenemos la oportunidad de traer otro hijo a este mundo. No me cierro a ninguna posibilidad, quizá venga el hermanito de Alaïa de forma natural por medio de nuestros cuerpos, quizá algún día llegue a nuestras vidas alguien que necesita el hogar y amor que nosotros estamos listos para brindar. Quién sabe. Lo que sí he decidido es no pasar por otro tratamiento de fertilidad. Ya lo probé, no le hizo bien a mi relación, no es bueno para mi cuerpo por mi historial de cáncer y no dio fruto. No me arrepiento de haberlo probado porque necesitaba hacer todo lo que podía para lograr convertir este sueño en una realidad. Pero ahora me entrego a Dios. Que Él disponga cómo quiere hacerme llegar el hermanito o la hermanita de Alaïa. Mientras tengamos salud, todo es posible. Lo que Papa Dios nos mande, será bien recibido.

Y si no llega otro hijo, si no es parte de nuestro destino, igual estoy agradecidísima con Dios, con la vida, con la gente que me rodea, con todo, porque salí en busca de mi milagro y, de la manera menos esperada, lo encontré. Ahora se me ha brindado la oportunidad de vivir la felicidad máxima: ahora puedo decir que soy madre.

14

El futuro con mi hija

Hoy, *después de* todo lo vivido, siento que tengo los mejores sueños por delante porque tengo a Alaïa. Ella es mi motivación, es mi prioridad, es mi vida, es mi todo. Quiero tener la salud para poder verla crecer, inspirarla, cuidarla y apoyarla en los momentos duros que le toque enfrentar, disfrutar de su sonrisa y su alegría en los momentos felices de su vida. Quiero poder estar a su lado para guiarla el mayor tiempo posible y estar presente para lo que ella necesite. Todo es en relación a ella. Verla salir adelante en su vida será mi mayor alegría.

A su vez, sé que lo mejor es dar un buen ejemplo, y yo quiero ser ese ejemplo para mi hija. Muchas veces la gente observa a las madres que trabajan y se pregunta cómo hacen para sostener una carrera, estar pendientes de las actividades diarias de sus hijos, brindarles la atención que necesitan antes y después de la escuela, participar de sus actividades escolares. ¿Cómo hacen para hacerlo todo?

Pues yo admiro a esas mujeres muchísimo y espero poder tener la oportunidad para encontrar ese equilibrio entre mi carrera y todo lo que se me presente en la vida para brindarle lo mejor de mí a mi hija. Y lo mejor de mí no es sólo mi presencia como madre, sino mi ejemplo como mujer. Quiero participar de todas sus actividades, pero también quiero enseñarle que una mujer trabaja, que una mujer se puede desenvolver tanto sola como acompañada de una pareja, y que si ambos padres trabajan, es para poder proveerle todo lo mejor a sus hijos. Quiero transmitirle mi independencia y mi fuerza, quiero mostrarle que todo eso posible si uno se enfoca en sus sueños y obra por el bien, y quiero hacerlo todo mientras la envuelvo en mi amor incondicional. Quiero que se sienta cuidada, protegida y amada.

Claramente estoy recién comenzando este camino como madre, y poco a poco iré viendo cómo haré para cumplir las dos funciones bien, la de profesional y la de madre. Pienso que es posible porque tuve la suerte de observar ese mismo ejemplo que le quiero dar a mi hija en mi propia casa al crecer. Tanto mi papá como mi mamá trabajaron mientras nos criaron a nosotros y siempre los sentí increíblemente presentes como padres. Los dos se ocupaban de nosotros, el hecho de que trabajaran no interfirió a nivel emocional al criarnos. Sé que todo eso es posible porque lo viví en carne propia. Papi se levantaba para darme la leche y llevarme a la escuela. Mami se aseguraba de que pudiéramos ir a todas las actividades que deseáramos. Nos dieron amor incondicional pero también nos enseñaron lo importante que es trabajar y ganarse la vida. Eso se los agradeceré por siempre y es lo que quiero pasarle a mi hija.

Mi relación con Mami era de mucha amistad, mucha confianza y mucho respeto. Siempre nos daba la oportunidad de hacer lo que nos gustaba y nos daba el lugar necesario para que pudiéramos crecer como individuos y encontrar nuestros propios caminos. Eso es algo que me encantaría poder replicar en mi relación con Alaïa. Creo que ella aprenderá muchas cosas de mí y yo también podré crecer muchísimo con lo que ella me enseñará, y finalmente comprenderé muchas cosas de mi propia madre que sin tener un hijo propio quizá nunca entendería del todo. Sé que me seguirá haciendo falta su presencia, pero dentro de mi corazón, me sigue apoyando y guiando.

Espero tener la salud y la energía para poder disfrutar cada etapa de la vida de mi hija en su totalidad. La realidad es que siendo más grande, no tengo la misma energía de cuando era más joven, pero todavía me queda de sobra para correr con ella en el parque sin ser una viejita achacosa, y le voy a sacar el jugo a cada uno de esos momentos, porque sé lo preciados que son y sé que lo que tengo en brazos es un verdadero milagro.

Nosotros nos criamos en una casa llena de alegría, donde nos queríamos y cuidábamos. Siempre me he sentido muy amada, feliz y bendecida en el hogar que crecí. Ahora, al ver cómo mis hermanos miran y aman a Alaïa, siento que es como tener una ventanita al pasado y poder ver desde afuera cómo me miraban y amaban a mí cuando yo era niña. Es una verdadera bendición. Y esa alegría, amor y apoyo con el que me crié es definitivamente algo fundamental que le quiero pasar a mi hija.

Quiero que mi hija sea una persona de bien, que tenga salud, que se rodee de buenas amistades, que sea inteligente. No sé cuál camino tomará en el futuro ni cuáles serán sus gustos y sus deseos, así que lo que quiero es encargarme de educarla con amor, que sepa que es una niña querida, deseada. Pienso malcriarla cuando de amor se trata, pero no para transformarla en una niña malcriada, quiero enseñarle valores, respeto, el buen trato hacia los demás. Quiero que sea una niña alegre, simpática, despierta, conectada con el mundo que la rodea. Quiero brindarle herramientas para que sea una niña fuerte de mente, cuerpo y espíritu. Tomo mucho como ejemplo a la sobrina de Toni, Noa. Quisiera que Alaïa heredara las cualidades que me encantan de Noa. Ella es una niña feliz, se relaciona con todo el mundo, saluda a todos, es respetuosa, inteligente, independiente, graciosa, una nena buena. Cuando la veo pienso, y le digo a Toni, que yo quiero que nuestra hija sea así porque son características que me encantan tanto de su familia como de la mía. Esa alegría de vivir es lo que aspiro para mi hija.

Por ahora, la parte tranquila y simpática parece estar presentándose en la personalidad de nuestra niña, al menos cuando de viajar se trata. Ya hemos hecho dos viajes en avión con Alaïa y se ha portado como un angelito. El primero fue uno largo, de Miami a Los Ángeles. Estábamos nerviosos porque no sabíamos si le iban a doler los oídos, si iba a llorar, cómo se comportaría. Llevamos de todo para distraerla y atenderla, para estar preparados con todo listo por cualquier eventualidad. Al sentarnos en el avión, le di su leche, y eso fue como la poción mágica. Al final se terminó durmiendo todo el viaje. En el otro viaje pasó casi lo mismo, pero sí estuvo despierta por momentos, y lo único que hizo fue sonreír.

En el momento que escribo estas líneas, nos tocan dos viajes más, uno a España en junio y otro a Puerto Rico en julio, donde la bautizaremos. En realidad, en España también habrá una ceremonia parecida a un bautizo. Vamos a presentarla a sus abuelitas. Y el día del santo de Toni, que es el de San Antonio, como justo vamos a estar allá, decidimos formar parte de la tradición de su pueblo, en el que el tío le presenta el santo a la niña. Es algo muy bonito. Se hace una oración, una foto, es una especie de bendición con el santo. Pero no es nada serio, sino más bien alegre, de celebración, con música y algarabía de la que tanto gozamos nosotros. En ese caso, el tío que servirá como padrino de aquella ceremonia es el marido de la hermana de Toni.

Con la intención de siempre mantener ambas tradiciones en la vida de Alaïa, el siguiente mes planeamos viajar a Puerto Rico, donde llevaremos a cabo su bautizo en la iglesia. Como en la ceremonia de España, el que la presentará será su tío paterno, para esta decidimos que será Adalberto. De niña él me cuidó con tanto cariño y me ha brindado tanto amor a través de los años, que sé que será un padrino increíble para Alaïa. Y como madrina, decidimos sin duda alguna pedirle a Adilmarie, quien aceptó encantada. Adilmarie no sólo es mi sobrinita, sino mi amiga. Ha estado presente en todos mis momentos más bajos y los de más felicidad. Fue de una ayuda esencial en el hospital y durante mi parto, fue ella la que estuvo ahí, filmando todo, brindándonos apoyo y presenciando la llegada de nuestro milagro de Dios. Nos ha orientado mucho ahora como padres, porque ella es madre de dos; su ayuda es invaluable. Por todo esto y por el amor que sentimos por ella es que queremos que sea parte de la vida de Alaïa de una manera aún más especial, guiándola y llenándola de amor a través de su vida.

Otro factor importante con respecto al futuro de mi princesa es su educación. He tenido infinidad de conversaciones con Toni sobre cómo educar a nuestra hija no sólo en casa sino fuera también y hemos tomado una decisión que creo le será de grandes beneficios. Para empezar, en casa y al vivir en Estados Unidos, Alaïa ya está expuesta a tres culturas: la puertorriqueña, la española y la estadounidense. Pero pronto estará expuesta a aún más.

Previo a su nacimiento, la apunté en un sistema educacional que se llama Rainbow Cultural Garden. Es un programa en el que estudiará tres idiomas que no tienen nada que ver con nuestras culturas. Uno escoge los idiomas que quiere que sus hijos desarrollen. Nosotros escogimos mandarín, ruso y árabe. Mientras más temprano empiece a tener contacto con estos idiomas y culturas, más fácil se le hará aprenderlos. Por eso, el programa comienza cuando los niños cumplen tres o cuatro meses. Esto los ayuda a integrar ese sistema fonético que no tiene nada que ver con otros idiomas ni los nuestros.

Se empieza con un idioma primero. Una vez que se haya establecido una familiaridad con este idioma, se continúa introduciendo el siguiente y luego el último. Mi amiga Ludwika Paleta y su esposo Emiliano Salinas son quienes ayudaron a traer este sistema educativo a Miami y ahora Raquel Perera, la esposa de Alejandro Sanz, es dueña del primer colegio con este sistema en Miami. Cuando vimos con nuestros propios ojos cómo la sobrina de Emiliano, con siete años, ya sabe seis idiomas, y cómo el hijo de Raquel y Alejandro ya sabe hablar ruso, nos despertó la curiosidad y quisimos informarnos más sobre este tema.

Ahora sabemos que el primer paso se da en casa. Al cumplir los tres meses, lo que ocurrirá es que vendrá una maestra de uno de los tres idiomas que hemos elegido para Alaïa, y durante esa hora en la que esté en nuestra casa, mi bebé se va a relacionar por completo, sin mi intervención o la de su papá, con esa persona que va a venir a atenderla. Sus profesores le van a hablar en ese idioma, le van a cambiar su pañal y, poco a poco, la van a exponer a esa cultura. Al principio, por ser tan pequeña, el maestro viene a la casa. Luego, cuando esté en la escuela, estará expuesta a diferentes salones dedicados específicamente a cada una de las tres culturas elegidas, que tienen ropa, comida y todo lo que está relacionado a ese país. Sé que muchos pensarán que es ridículo comenzar tan temprano, pero yo lo veo como una inversión en la educación de mi hija. Elegí este sistema, porque creo que le dará aún más herramientas para poder relacionarse con el mundo entero. Quiero que tenga todas las oportunidades posibles a su disposición.

¿Cuál será su camino en el futuro, qué será de su vida? No lo sé. Si baila, si actúa, si canta, si es maestra, si es científica, si es doctora, si es ingeniera, si es abogada, nosotros, como papás, estaremos a su lado para apoyarla. Será su decisión, pero espero poder estar a su lado para aconsejarla y darle amor mientras va descubriendo su propia voz y su lugar en este mundo. Sea cual sea su destino, lo que más deseo para Alaïa es que sea una niña de bien, una niña alegre, una niña que no le haga daño a nadie, pero que tampoco se deje joder. Quiero que tenga las herramientas necesarias para salir adelante en esta vida, que no es nada fácil, que tenga voz y voto, que esté rodeada de amor siempre y que sea feliz.

Yo tuve la dicha de vivir mi vida de una manera súper completa. He gozado, he viajado, he amado, me he divertido, he cumplido grandes metas en mi carrera, he cumplido sueños personales, he disfrutado a pleno cada una de estas etapas. Y ahora estoy lista para dedicarle mi tiempo y mi amor a ella. Quiero cuidarla, educarla y llevarla por el camino del bien. Ahora es el tiempo de Alaïa.

Carta para Alaïa

Escribí la siguiente carta teniendo a mi niña preciosa frente a mí, inspirándome por la alegría que me brinda cada día, con el deseo de que un día pueda leer este libro y aprender cuánto luché para tenerla en mi vida, cuánto deseé este momento y cuánto agradezco que ella haya sido la que me hizo mamá. Ahora, llegamos al cierre de esta etapa en mi vida y el comienzo de una nueva juntas, y estas palabras son las que tengo para mi hija.

Alaïa, mi niña preciosa:

Te soñé y deseé tanto que llegaras a mi vida, que cuando supe que estabas en mi vientre estaba tan feliz y a la vez tenía tanto miedo de perderte. Me cuidé para que te desarrollaras, para que crecieras fuerte y sana dentro de mí. Hice todo lo que los doctores me dijeron, todo lo que hacía lo hacía por ti. Sentir tus pataditas acariciando mi vientre, haciéndote sentir dentro de mí, llenándome de alegría, fue la experiencia más linda que había sentido hasta ese momento.

Sabes, creo que tu abuelita Vidalina que está en el cielo intercedió con Papa Dios para que te enviara conmigo. Mi mami, tu abuelita, falleció dos años y medio antes de que tú llegaras, aún la extraño. Pero ahora sueño con tener una relación contigo como la que tuve con ella, llena de amor, complicidad y confianza. Tu abuelita hacía cualquier cosa por sus hijos. Era dulce, tierna, consentidora y sobre todo muy alegre y positiva. Ojalá yo pueda transmitirte sus enseñanzas, valores y principios a medida que te vayas desarrollando en esta vida.

El día en que me enteré de que eras una niña se me llenaron los ojos de lágrimas, lágrimas de felicidad, y no veía la hora de contarles a todos que te estaba esperando, y que pronto llegarías a nuestras vidas. Estaba ansiosa por conocerte, abrazarte, besarte, y ese gran día finalmente llegó el 4 de marzo de 2015, tu nacimiento, el día más feliz de mi vida.

Escuché tu llanto que fue el más bello sonido que jamás había escuchado. Te escuchaba pero no te veía, no te veía pero hacía tanto que sin verte te quería. Sonreía emocionada, sentía la mano de tu papi feliz a mi lado, mirándote, acariciándote con sus ojos llenos de lágrimas.

Todo pasa tan rápido y tan lento a la vez. Estaba ansiosa por tenerte en mis brazos y besarte pero primero tenían que limpiarte, revisarte, asegurarse de que estuvieras bien.

Volteaba mi cabeza buscándote mientras te escuchaba llorar, tu llanto me hacía feliz, me acercaba más a ti.

Cuando por fin te tuve en mis brazos no podía creerlo. Sentí el amor más grande que jamás había experimentado en mi vida. Entre mis brazos fue cuando abriste los ojos por primera vez en este mundo, y me miraste. Yo sonreía, lloraba y te susurraba en el oído. Pusieron tu cuerpo desnudo en mi pecho y te sentí tan calmada que me calmó a mí. Ya no llorabas, éramos sólo tú y yo, aunque en la sala de operaciones había más personas.

En ese momento, entendí que tú serías mi más grande maestra, Alaïa. Sin importar cuántos desvelos, tú siempre me regalarás la calma, tú eres y serás la mayor alegría de mi vida. Desde que escuché tu llanto al salir de mi vientre, sin ni siquiera haberte visto, descubrí que tu llanto sería el mío. Cada vez que sueñas y sonríes me regalas esa calma que disfruta mi alma.

Hoy aún más gracias a ti comprendo, entiendo y sé que Dios es muy grande. Lo he dicho muchas veces y lo afirmo hoy más que nunca: El Tiempo de Dios es Perfecto. Permíteme guiarte como lo hicieron mi mamá y mi papá conmigo, con pasos firmes por el camino del bien para que tus ojos vean con amor todo lo que te rodea. Deseo que Dios siempre sea el centro de tu vida para que tengas un corazón compasivo, que tu alma sea una fuente de luz constante, que tus manos dejen huellas y tus pies pasos firmes. Espero que tú me enseñes nuevos rumbos y que, tomadas de la mano, forjemos huellas, pasos firmes y una hermosa historia juntas. Mi mami no está físicamente, pero recuerdo cada una de sus enseñanzas y espero poder transmitirte, hija mía, lo que de ella heredé.

Quiero aprender nuevas cosas contigo, vivir nuevas aventuras. Tú has venido a transformar nuestras vidas en nuevas ilusiones. Sabía que existía este tipo de un amor profundo y maravilloso, pero sólo lo llegué a comprender al sentirlo el día que llegaste a mi vida. Le pido a Dios verte crecer, disfrutar contigo y saber que puedes llegar lejos... mucho más que yo.

Tu eres mi aire, el alimento de mis días. Tú, tan pequeñita, te adueñaste de mi mundo para regalarme la vida que siempre quise. Entraste en mi vida de una forma milagrosa, me escogiste para ser tu mamá y ahora eres mi mayor y mejor regalo. No existe nadie más importante que tú, la dueña de mi corazón. Quiero ser tu compañera para toda la vida. Para quererte, para amarte, pare eso, Alaïa, yo vivo.

Te amo,
Mamá

Agradecimientos

Papá Dios, GRACIAS por siempre tomarme de la mano, por regalarme la bendición de ser madre, por mantenerme fuerte ante las dificultades, por hacerte presente todos los días de mi vida.

Papi y Mami, los extraño y los amo con locura. Siempre están en mi vida, en cada paso y cada pensamiento... Viven en mi corazón.

Adilsa, gracias por ser mi hermana y mi amiga... por siempre querer lo mejor para mí.

Adaline, gracias por tus sonrisas que me llenan de vida y de alegría. Eres un angelito para mí.

Adalberto, gracias por siempre estar presente llenando nuestras vidas con amor... Alaïa tiene el mejor padrino.

Adilmarie, tú eres parte de mi fortaleza... Te admiro, te respeto y te amo tanto que ni lo imaginas.

Azul y Akon, mis hijos, no los parí pero los amo como si fueran míos.

Antonella, Wilmer Luis y Alejandro, son luceros en mi vida y la llenan de colores.

Elianne, María, Sonia, Alexia, Maremi, Solimar, Maggie, Patricia, Consuelo, Mari Colón, gracias por ser únicas como amigas y amarnos como hermanas.

Karla, Tommy y Amanda, ustedes son mi apoyo, mis consejeros... soy fiel y fanática de ustedes. Gracias por escogerme como madrina de Amanda.

Dorita, Ale y Alexa, la distancia no es barrera para sentirme cerca de ustedes... ¡Los Amo!

Sandy, Johnny, Natalia, Thalia, Jahn Gabriel, gracias por ser mi familia extendida.

Mara, gracias por tus oraciones, por tu presencia constante, porque siempre estás.

Laura Bryant, viviste cada día mi dolor y mi sueño, cada desvelada, cada inyección puesta con amor y con el deseo de que mi sueño se hiciera realidad. Tu amor incondicional me llena de vida. ¡Te Adoro!

Angelito y Fabián, ustedes son los tíos especiales de Alaïa y unos angelitos en nuestras vidas. Ustedes son nuestra familia.

María, Eliot y los trillizos, gracias por los sabios consejos, la amistad y el apoyo, por invitarnos a compartir y hacernos parte de sus días especiales.

Cynthia, Gilberto, Santos y Wanda, qué rico contar con su amistad, apoyo y cariño... ¡los quiero!

Agradecimientos

Familia López, admiro el compromiso de unidad y lucha ¡que mucho disfrutamos juntos!

Gustavo Arango, siempre tienes palabras que me llenan el alma... amo tu energía.

Omar Cruz, amigo, cómplice y confidente, ¡qué mucho te quiero!

Armando Correa, tu amistad y cariño significan mucho para mí. Valoro hasta las palabras no dichas.

Conchita y Jessica Oliva, ustedes son las princesas de mi vida y hacen que todo sea ESPECTACULAR.

Carmen Negrete, qué bendición tenerte en nuestras vidas, mi mamá colombiana. Gracias por cuidar a Alaïa con tanto amor y consentirnos a todos en la casa.

Carmen, ToniPa, Lorena, Juanjo y Noa, gracias por llenarme de amor, brindarme apoyo en los momentos más tristes, celebrar junto a mí todas las alegrías y hacerme sentir parte de la familia. ¡Los quiero mucho!

Doctor Marcelo Barrionuevo, gracias por entenderme, cuidarme, guiarme y tratarme como a una hija. Luchaste conmigo para que lograra mi sueño... ¡Te quiero!

Doctor Adrián del Boca, desde el primer momento me sentí cómoda y me trataste como si fuera tu única y especial paciente. Estar en tus manos me dio la tranquilidad que necesitaba en mi embarazo... ¡Gracias!

Doctor José Bengochea, tus consejos, cuidados y protección para Alaïa nos acercan y calman mi ansiedad de mamá primeriza... ¡Gracias!

María Emilia Vila (Bibi), gracias por guiar mis pasos y por caminar a mi lado en el momento más importante de mi vida. Tú encontraste el balance perfecto para armonizar cada momento y que fuera todo PERFECTO.

Baptist Hospital, gracias por todas sus atenciones, por tener un personal de primera y profesionales que atienden y cuidan con esmero y cariño a sus pacientes. Ana Alvarado, tú fuiste muy especial con nosotros. Para ti y todo el equipo que con tanta entrega y vocación hicieron de nuestra espera una hermosa experiencia: ¡GRACIAS!

David Bercuson, gracias por cuidar mis intereses, por orientarme y por tu cariño.

Gesi, Wilfredo, Nani, Vane, Tati y todos mis fans que con tanto amor celebran mis logros y alegrías... GRACIAS.

Margarita Montilla, gracias por tenerme presente, por esforzarte para que logremos grandes cosas.

Otto y Angélica, mis compadres bellos, gracias por hacerme parte de su familia. Soy muy feliz de ser la madrina de Danico y la tía de Angélica Masiel. Angélica, gracias por tantos años de cariño y amistad. Otto, gracias por tus sabios y atinados consejos.

María López, gracias por la confianza depositada en mí, por las oportunidades, los consejos y sobre todo por el cariño.

Puerto Rico, mi casa, mi más grande apoyo, ¡gracias! Sus buenos deseos y oraciones siempre me llegan.

Telemundo, gracias por abrirme las puertas a nuevas oportunidades y hacerme parte de su familia.

Rashel, Daniel, Ana María, Diego, Neida, Camilo, James, Mario Vanucci, Erika, Azucena, Omar Germenos, Alessandra, Ramón Zayas, Edgardo del Villar, Mari, Aidé, Sylma, Angelito, Johan

González, Jorge, Lina, Karina Patricia, Irasema, Fernando, Maru, Anette, Alzate, Moraima, Manfredo, Magda, Marcelo, Sheila, Emilio, Liza, Steven, Agustina, Lulú, Alex Aguiar, Cari, Iris, Karina Monroig, Gustavo Adolfo Infante, Paco Haro, Mario Perea, Maria del Carmen González, Verónica Albornoz, Paloma, Ángel Villagómez, Christian Ramírez, Jenni, Rocco, Andrea, Carmen, Lety, Danay, Elenita, Jessica, Fabricio, Rigo, Alex Mederos, Robert, Yamile . . . a todos mis compañeros, productores y equipo técnico de *Un nuevo día*, GRACIAS por su apoyo.

Cecilia Molinari, tu sensibilidad y capacidad de ponerte en mi piel me eriza. Me entiendes de una manera que me conmueve.

Aleyso Bridger, gracias por apoyarme y por nuevamente ser el vínculo para que mis historias tengan el hogar ideal.

Raymond Garcia, director del sello editorial Celebra en Penguin, gracias por confiar nuevamente en mí y conectarme con los lectores.

Andrea Montejo, gracias por entender, cuestionar y darle forma a mis palabras.

Toni Costa, me has dado el regalo de amor más grande que he podido recibir. Cada día me enamoro más de ti y reafirmo que deseo pasar los días más hermosos de nuestras vidas junto a ti y nuestra hija . Te Amo.

Gracias a todos porque con su amor, solidaridad, apoyo y estímulo han sido parte de mágicos momentos en mi vida.